かっこちゃんが道案内する　サン＝テグジュペリの

星の王子さま

大切な花を心にひとつ

加津子　著
トシヒト　画

モナ森出版

もくじ

プロローグ――私の中の「星の王子さま」たち

モロッコに広がるサハラ砂漠は、思いのほか赤い色をしていました。それは夕日に輝いているからだけではなくて、星の王子さまに会いたくて会いたくて、やっと会いに来ることができた私の、ドキドキした心の色が映っているようでもありました。

＊

私は物心ついたときから、いつも心のどこかにさびしさを抱えていたように思うのです。私は考え事ばかりしている子どもでした。葉っぱのこと、花のこと、虫のこと、空のこと、動物のこと、何もかもが不思議で、考えずにはいられないのでした。

そして私は友だちと比べて、特別、力がなくて、足も遅くて、鬼ごっこをしたら、すぐに捕まって鬼になって、鬼になったらもうだれのことも捕まえることができないのでした。かくれんぼをすれば、アリや小さな草花が気になって、隠れていることや探していることもすっかり忘れてしまうのです。友だちは「かっこちゃんと遊んでもつまらないな」と感じていただろうと思います。

いつしか私は、友だちといるより、本を読んだり考え事をすることが多くなりました。

保育園のときに、えいちゃんという友だちがいました。私たちはよく二人でいて、いつも決まってジャングルジムに登って空をみつめていました。えいちゃんはジャングルジムのてっぺんで、空に手を伸ばして、指のすきまから漏れてくる光を見ていました。そして、体の重心を前後ろに揺らして、うれしそうにのどの奥でくっくっくっと笑うのです。えいちゃんが揺れるとジャングルジムが少し揺れて、私の身体が揺れるのも、一緒に空をみつめていることも、何もかもが私はうれしかったのです。

私はえいちゃんといるときはいつも幸せでした。自分ができないことを悲しむ必要もなかったし、鬼ごっこが楽しいんだと自分に言い聞かせなくてもよかったし、自分が他の友だちと違うことを不安に思わなくてもよかったのです。

えいちゃんは何もおしゃべりはしなかったけど、なぜか私はだれよりも、えいちゃんの気持ちがよくわかりました。行きたい場所も、したいことも、何がうれしくて、何に腹を立てているかもわかりました。そして、えいちゃんがいつも空とつながっていられたように、私もえいちゃんと一緒に空とつながっていられるような気持ちがしたのです。

けれど、小学校に入学したとき、探しても探しても、えいちゃんの姿はどこにもありませんでした。先生は「えいちゃんは違う世界に住んでいるの。だから、違うところで勉強するのよ」と言いました。私は心の中にぽっかりと穴があいたような気持ちがして、その穴は長い間閉じることがありませんでした。

最初に『星の王子さま』に出会ったのは、私がまだえいちゃんの姿を探し求めていた小学生のころでした。梅雨のころ、水たまりをぴちゃぴちゃと歩きながら、私は鞄《かばん》の中に表紙がつやつやと光る『星の王子さま』の本を持っていました。本を開かなくても、私は王子さまと一緒にいられるような気がしたし、そして、えいちゃんと一緒にいられたときのように、心の中にほっとした気持ちが広がるのでした。

それから私の心には、ずっと星の王子さまがいます。繰り返し繰り返し本を読み返すうちに、私はいつしか、あこがれのように星の王子さまと飛行士が出会った場所へ訪れたいと思うようになりました。そして、その場所に行けば、金色の髪をした王子さまがそばにやってきて、笑ってくれるような気がしたのです。

＊

私は三十年以上、特別支援学校の教員をしていました。私はそこで、たくさんの「もうひとりの星の王子さま」に出会うことができたのでした。

見えない小さな王冠をつけた子どもたちは私にとって、かけがえのない大切な友だちでした。大好きという気持ちが大切だということや、生きるって素敵なことだということや、そして「本当に大切なものは何か」ということを教え続けてくれました。

昨年の春に、私は教員生活に区切りをつけました。毎日一緒にいられた子どもたちと会えなくなって、私はまるでえいちゃんと一緒に過ごせなくなったときのように、心の中にぽっかりと穴があいたような気持ちがしました。そして、また『星の王子さま』の本を何度も手に取るようになったのでした。

振り返れば、子どもたちと一緒に過ごした時間は、まるで『星の王子さま』を繰り返し読んでいたようなものだと思います。子どもたちといると、折に触れて『星の王子さま』のいろいろな場面の一節を思い出すのでした。

実は、私はこの原稿をベッドで書いています。ひどい病気ではないのです。ちょっとした手術と一週間の入院。

痛いのは嫌だなあ、つらいのは嫌だなあ、暇なのは嫌だなあ、そう考えそうになったときに、いっぱい時間があったら、私は『星の王子さま』と大好きな子どもたちから教わったことを考えたいなあと思いました。そうすると、手術を受けるために入院するのが少し楽しみになりました。

それは、手術の痛みにだって替えられない楽しい時間でした。どんな時間も、考え方次第でわくわくしたものに変えられるのかもしれませんね。

私はフランス語は大学で少し習ったきりで、まったくと言っていいほどできないけれど、このお話を書き始めるときから、著者サン＝テグジュペリが書いたフランス語の原作『星の王子さま』の本と、フランス語の辞書をいつもそばにおいていました。私のようにフランス語のできない者が、こんな大それたことができるのは、やはり私の中に内藤濯《ないとうあろう》さんが訳された『星の王子さま』のお話が心にも身体にもしみこんでいて、それほどに覚えているからなのでした。

私がフランス語にこだわるのには、理由がありました。たまたま新約聖書を見ていたときに「はじめに言葉ありき」という文章があったのです。私はそのとき、いつもの癖で、「一人の人間の始まりは、たった一個の受精卵で、そこにすべての設計図が入っているのだけれど、宇宙の始まりはなんだろう」とぼんやりと考えていたのです。

聖書には「はじめに言葉ありき」、宇宙のはじめは「言葉」と書いてあるけれど、いったい「言葉」ってなんだろう。なんという単語を訳したのだろうと思って調べたら、ラテン語の「ロゴス」という言葉を訳したものだとわかりました。次に「ロゴス」を辞書で調べたら、なんと、「設計図」「成り立ち」

と書かれてありました。私は、人間の受精卵と同じで、ロゴスというのは、何か宇宙の設計図のようなもの、このあとどうなるかという約束のことを言っているのだろうかと思ったのです。それは、私が物事を考えるうえで、とても大きなことだったのです。日本語訳だけでは少しも気がつかないことでした。

そして今、『星の王子さま』と子どもたちのことを書くときに、フランス語の『星の王子さま』に触れながらの作業は、私の中では「ああ、そうだったのか」「そういうことだったのか」と考える大切な時間だったと思います。

10

目には見えなくても、本当のこと

――飛行士と王子さまとの出会い

『星の王子さま』の物語は、飛行士がまだ六歳の少年だったころのお話から始まります。

あるとき、少年がウワバミの話を読みました。

「ウワバミは獲物を噛まずに、まるごと飲み込みます。そうするともうウワバミも動けなくなり、六カ月の間、眠って獲物を消化していきます」

少年はこの話に驚いて、自分でもウワバミの絵を描いて大人に見せました。

「この絵、怖い？」

大人は決まって「帽子なんか怖いものか」と言いました。少年の絵は帽子ではありませんでした。それは、象をまるごと飲み込んだウワバミの絵だったのです。

しかたがなくて少年は、象が見えるように、ウワバミとお腹の中の象を描きました。けれども、大人たちは少しも興味を示しては

くれません。ついには、少年は大人たちに「中が見えようと見えまいと、そんなことはどうでもいいから、絵なんてやめて、地理や歴史や算数や文法をやりなさい」と言われてしまうのです。

それで少年は画家という素晴らしい職業をあきらめて、飛行士になりました。それでも少年は、大人になっても、一枚目の絵を持ち歩いて、ときどき、物わかりのよさそうな大人に見せたのです。でも、返ってくる言葉はいつも「帽子の絵でしょう?」でした。飛行士はその返事を聞くやいなや、その人が好きそうなゴルフや政治やネクタイの話をしたのです。そうすると、出会った大人たちは僕のことを、「この人は物わかりがいいな」と機嫌が良くなるのです。

そんな飛行士がサハラ砂漠に不時着しました。たったひとり、生きるか死ぬかの状態で、飛行機を直していました。そして疲れはてて真っ暗な砂漠の中でひとりぼっちで眠っているとき、不意にその少年は現れたのです。「お願い、羊の絵を描いて!」突然現れた不思議な少年に、飛行士は驚きました。だって、人の住む地から千マイルも離れたところだったのに、少年は道に迷った様子も疲れきっている様子も、お腹をすかせている様子もなかったからです。

「君はいったい、ここで何をしているの?」と飛行士が尋ねても、

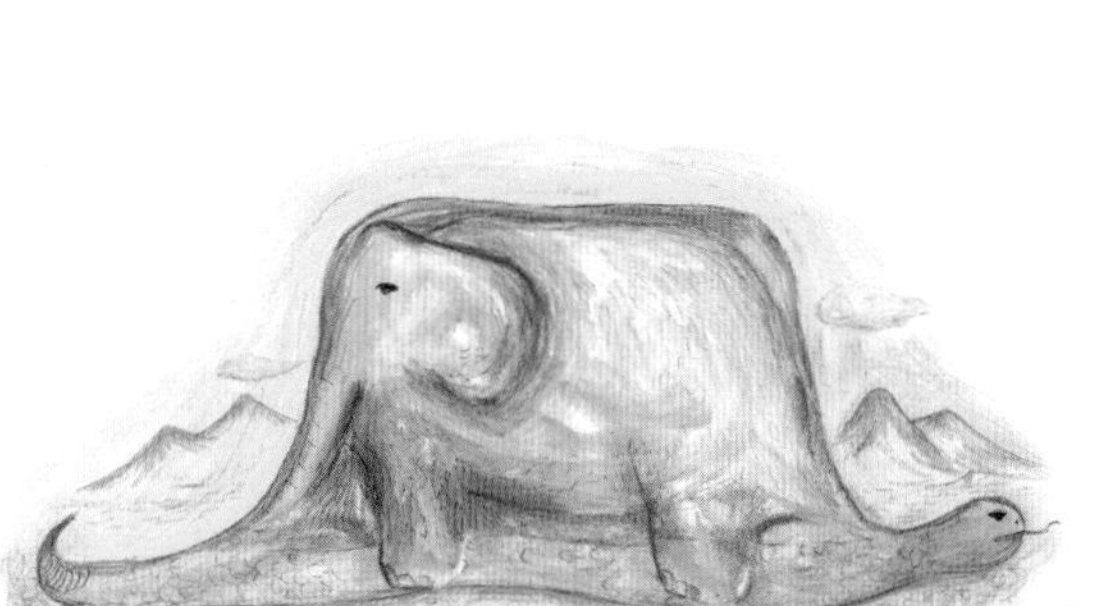

少年はとても大事なことのように「お願いだから、羊の絵を描いて!」と言うばかりでした。

　飛行士は地理や歴史や算数や文法ばかり勉強していて、絵が描けないことを思い出しました。そこで自分が小さいときに描いた一枚目のウワバミの絵を見せると、「違う違う。ウワバミに飲み込まれた象なんて、いらないんだ。ウワバミは危険だし、象は大きすぎる。ボクのところは本当にちっぽけなんだ。ほしいのは羊なの」と少年は答えました。

　飛行士は何度も羊の絵を描くけど、少年はその羊を気に入りません。「この羊は病気で弱ってるよ」「雄の羊はいらないんだ。雌の羊がほしいんだ」「こんな年をとった羊じゃないのがいい」飛行士はもう我慢ができなくなって、それに飛行機の修理を急いでいたので、おおざっぱに、息ができるように穴をあけた木箱の絵を描きました。「この中に、君がほしがってる羊が入っているよ」

　すると驚いたことに、少年は穴をのぞき込んで顔を輝かせて喜びました。

「これだよ。ボクがほしかったのは、この羊だよ。この羊

は草をたくさん食べるの？　僕のところ、とっても小さいんだ」

「心配しなくていいよ。僕はとても小さい羊を描いたから」

「でも、そんなにも小さくないよ。あれあれ、寝ちゃったよ」

……こんなふうにして、飛行士は星の王子さまと知り合いになったのでした。

それは、不思議な力ではなく「本当のこと」

『星の王子さま』の本は「本当のことは、目に見えない。心の目と耳をすまさなくちゃ、決して見えないんだ」ということを繰り返し教えてくれます。それからもうひとつ。自分の目で見たり、耳で聞いたり、感じていることが、目の前のことと違っていたとしても、それが間違っているとは限らない。それどころか、そこに本当のことがいっぱい隠されているのだということも、教えてくれていると思うのです。


ゆきちゃんという女の子と一緒にいたときのことです。その日の給食には豆パンが出ました。ゆきちゃんは、私が豆パンをほとんど食べ終えたころに、急に「かっこちゃんの豆パンに、豆何個入ってた？」と聞きました。

「数えていなかったから、わからなかったよ」と言うと、ゆきちゃんは私に「かっこちゃんの豆パンの豆は十三個。ゆきは十五個だったよ。ゆきのほうが二個多かったね」と、とてもうれしそうに言いました。

私にとったら、まるで砂漠で急に、少年から「羊の絵を描いて！」と言われたくらい驚きました。

私は豆パンの豆をパンの中から出して並べたわけでもなくて、ただ、むしゃむしゃと食べていただけでした。ゆきちゃんだってそうでした。でもゆきちゃんには、豆パンの豆の数がわかったのだと思います。だってこんなことがありました。

その日、ゆきちゃんは給食のときに使ったふきんを干す当番だったのです。ゆきちゃんは、洗濯したふきんがどっさり入った篭を持っていました。私は洗濯ばさみが入っている箱を持って来ました。箱を見て、ゆきちゃんが「二つ足りないね」と言いました。「何が足らないの？」と聞いたら、ゆきちゃんは「洗濯ばさみ」と言いました。洗濯ばさみは中が見えない木の箱に入っていて、ふきんも重なっていて、いくつ入っているかなんてわかりっこないのにと私は不思議に思いました。けれど、ひとつのふきんに、ひとつの洗濯ばさみを使っていったら、本当に洗濯ばさみは二つ足りませんでした。「ねえ、どうしてわかるの？」と尋ねると、ゆきちゃんはうれしそうに、ぴょんぴょんとはねて「見える」と言いました。

ゆきちゃんは自閉症といわれる障がいを持つお子さんです。学校の子どもたちには不思議な力を持つお子さんがたくさんいました。

私の友人で、ペルーにいる考古学者・阪根博さんが、インカの不思議について講演してくれたことがありました。そのときは、ナスカの地上絵についての話でした。

ナスカの地上絵はあまりに大きくて、その場にいたら絵が描かれているなんて少しもわからないのに、飛行機や人工衛星から観たら、とても巨大な絵だとわかるのです。ナスカの地上絵は、蜘蛛や人などの絵もありますが、圧倒的に直線の地上絵が多いそうです。

高度差がある地面にどうして、そんなにもまっすぐな直線が引けるのか、それについては、今も謎が多いとのことです。阪根さんにうかがうと「なんのために、どうやって、ナスカの地上絵を描いたのですか？　宇宙人が描いたのですか？　とよく質問されるよ」と教えてくれました。そして阪根さんは「そんなときには、『わかりません』と答えることにしているよ。僕は宇宙人の存在を否定しているわけじゃないけど、でも、宇宙人のしたことにしてしまう前に、人間の限りない可能性を考えたいからね」と言いました。

私はそのとき、方法がわかると思ったので、「私はわかります」と言いました。

講演会場にいたみなさんはあわてました。「インカの研究をずっとしている阪根さんが、わかりませんと言っているのに、かっこちゃん、そんな簡単にわかりますって言っちゃだめだよ」と言いました。でも、阪根さんはとても優しい方で「ほう、君はどんなふうに考えるの？」と聞いてくれたのです。

私は「学校のひろしくんなら、ナスカの地上絵は描けると思います」と言いました。

ひろしくんはとても絵を描くのが上手です。いつも、地図のような正確な細かな絵を描きます。あるとき牧場へ遠足に行きました。みんながおむすびや牛の絵を描いている中、ひろしくんは上から見たような地図を描きました。たまたま牧場の航空写真があったので、縮小コピーにかけて、ひろしくんの絵と重ねたときに、びっくりしました。航空写真とひろしくんの絵がぴったりと重なったのです。それで、教室にあったたくさんの絵を地図と重ねてみたら、どれもぴったりと重なったのです。

私はそのとき、ひろしくんは心を空に飛ばして、下を見わたせるんだと思いました。そしてひろしくんなら、ナスカの地上絵はきっと描けると思いました。

阪根さんは私の話をとても喜んでくださいました。そして「ナスカ地方では、織物がいっぱい発掘されるんだけど、空に人が飛んでいる模様の織物がいっぱいあるんだよ。羽衣の天女そっくりな人が飛んでいるんだよ」と教えてくれました。

オーストラリアのアボリジニの方に会ったときのことです。私は、アボリジニの人が描く点描画にとても興味がありました。学校の子どもたちが描く絵によく似ているのです。それで、絵について尋ねると、彼はこんなふうに教えてくれました。

「アボリジニの人は最初から点々の絵を描いていたわけではないんだよ。最初は、空から見下ろして描いた地図のような絵だった。それから、レントゲンのように、中が見えるような絵を描く部族もあった。その中に点を描いたり、細かな線を描く部族もあった」

私は阪根さんからインカの話を聞いたり、アボリジニの方とお話ししているうちに、本当は学校の子どもたちだけが特別なわけではなくて、人には心の目と耳をすませば、空からものを見るような力があったり、まるでレントゲンのように、箱の中の洗濯ばさみの数がわかったりするのだろうかと、とてもうれしくなりました。

そして、自分ができないからといって間違いだなんて決めつけてはならないし、それから、本当はみんな素敵な力を持っているんだなあと思いました。

17

大人のクセと子どもの力

―― 大人は数字で判断して安心する

少年と話すうちに、飛行士は少年が小さな星に住んでいる王子さまだということがわかりました。でもそれは、少しずつでした。王子さまは、聞きたいことはいっぱい質問するのに、こちらの質問にはまったくおかまいなしで、お話の端々がつながって、ようやく王子さまが小さな星からやってきたとわかったのでした。

たとえば、王子さまが、飛行士が直している飛行機を指さして「これはなあに?」と尋ねます。飛行士が「空を飛ぶ飛行機だよ」と言うと、「え!? 君は空から落ちてきたの? どの星から来たの?」と聞くのです。

「じゃあ、君はよその星から来たの?」と飛行士が尋ねても、王子さまは何も答えずに、物思いにふけるのでした。それでも王子さまのお話をつなぐことで、王子さまの星は、一軒の家よりほんの少し大きいだけだと知るのでした。

そして、飛行士は本の中で、「王子さまの星は、小惑星B-612だろうと思います」と言っています。この星を発見したトルコの天文学者が、トルコの服を着て発表したときは、注目を浴びなかったのに、その後、スーツを着て発表したらなぜか、出席者全員が彼の言うことを認めたのだそうです。

飛行士は読者に「大人って、そういうものです」と言いました。つまり中身ではなくて、着ているも

のがスーツか民族衣装かとか、穴のあいたぼろぼろの服か、新しい糊が利いている洋服かとか、本当に大切な部分ではないところで、話の内容が本当かどうかを決めてしまうというのです。

それから、小惑星B-612というふうに、番号まで明らかにするのは、大人のためだと飛行士は言います。大人は数字が好きだからと。

新しくだれかに出会ったとき、大人は大切なことは何も尋ねないと飛行士は言うのです。

たとえば、「どんな声をしている？」「どんな遊びが好き？」「蝶のコレクションをしている？」とか、そんなことは決して聞かないで、「何歳？」「何人兄弟？」「体重は？」とか「父さんの収入は？」と聞くと、その子のことがわかった気がするのが大人だと言います。

「バラ色の煉瓦でできた素敵な家で窓辺にはゼラニウムがいっぱい咲いていて、屋根には鳩がいたよ」と言っても大人はピンとこないけど、「十万フランはする家を見たよ」と言うと「うわあ、それは素敵な家だね」と言うのが大人なのです。

だから、王子さまのことを「輝くように可愛くて、笑顔が素敵で、羊をほしがっていたよ。羊をほしがるというのが、その人がいたという証拠だよ」と言うと、きっと大人は、あなたを子ども扱いするだけだろうけど、「王子さまは小惑星B-612から来たんだよ」と言うと、納得するのだと言うのです。

でも、大人ってそんなものだから、悪く思わないで。子どもは大人に対して広い心でいなくちゃいけないよ、と飛行士は言うのでした。

「知能テスト」で思ったこと

私は大人になって、『星の王子さま』のその箇所を読んだときに、知能テストのことを考えました。

学校では、そのころ、中学一年生で知能テストをすることになっていました。ある年、真理ちゃんと一緒に知能テストをしました。

「お母さんからお使いを頼まれました。大事なものだからきっと買ってきてと言われました。でもお店に行くとお金が足りませんでした。あなたならどうしますか?」との答えに真理ちゃんは「買わない」と答えました。私は「あきらめる」と答えました。でも二つとも誤答例に入っていました。正解は「お金を取りに帰る」「お母さんに電話をする」でした。

それから「遊園地で迷子になりました。あなたはどうしますか?」という問題に、真理ちゃんは「なってみないとわからない」と答え、私は「泣く」と答えました。それも二つとも誤答例に入っていました。正解は「係りの人に聞く」でした。

そして、知能テストはヒントを出してはいけないことになっています。真理ちゃんの答え、私の答え、どちらも間違いということはあるのでしょうか。そして、この問題でわかるのは、知能がどうとかいうより性格なのかなと思いました。

さらに、大ちゃんと知能テストをしたときのことでした。問題は「目は見る、それでは耳は？」でした。大ちゃんは原田大助くんといって、詩を書くことの上手な男の子です。大ちゃんは詩集や絵本をいくつも出しています。

答えは「聞く」と言わなくてはなりません。私が大ちゃんに「目は見る、耳は？」と尋ねたときに、大ちゃんは「だいじょうぶや」と言いました。それでは正解にはなりません。私はもう一度「ねえ、大ちゃん、目は見る。耳はどうかな？」と聞くと、大ちゃんは、私が耳が聞こえるかどうかを心配をしているのだと思ったのでしょう。「だいじょうぶや、俺、だいじょうぶやから、安心してな」と言いました。

大ちゃんはしっかり答えを知っていて、そして、私が心配しないように、気を配ってくれたのでした。でも、答えは○にはなりません。規則だからです。

そういう検査の積み重ねで出た、知能指数の値って、なんにもその人のことを表していないのじゃないかしらって思います。それに数値はいつだって一人歩きするなあと思うのです。知能指数が30の人、100の人。聞いただけで、多くの人は、ああ、この人はあの人よりいろんなことができるんだなって誤解すると思うのです。

それよりも「犬が恐い」とか「とても優しい」とか「計算が苦手」とか、「虫の名前をよく知っている」とか、その人のことを表す言葉っていっぱいありますよね。

そして、私は学校の子どもたちといるうちに、もうひとつ、数値は人を分けると思うようになりました。みんないろいろでいいはずなのに、数値が高いほうがすぐれているんだ。あの人よりは僕のほうがすぐれているんだとか、僕なんかどうせダメなんだとか、思う必要のないことを思わせてしまいます。数値をつけるということは、人間に順番をつけることなのかもしれません。

数値から自由になることはなかなかむずかしくて、私も大人の一人だから、どうしても上とか下とか、多いとか少ないとかをすぐに気にするけれど、でも、もし数値から自由になれたら、私はもっと自分自身を好きになれるのかもしれません。

話すことでわかり合えていく

――バオバブの木と王子さまの心配

王子さまは自分については、あまり何も話しませんでした。それで、飛行士はすぐには、王子さまのことを理解することができなかったけれど、でも一緒にいて話をするうちに、だんだんと王子さまのことがわかってきました。

あるとき、王子さまが飛行士に「羊が小さな木を食べるって本当?」と聞いたのです。飛行士が「本当だよ」と答えると、王子さまはとてもうれしそうに「よかった」と言いました。

そして、「じゃあ、羊はバオバブの木も食べる?」と聞きました。私たちが知っているバオバブは見上げるように大きなものだから、飛行士は「あんなに大きなバオバブは羊じゃとても食べられない、象の群れを連れていっても食べられない」と言うと、王子さまは笑いました。「象の群れ? ボクの星は小さすぎていっぱい積み重ねないと入らないな」と。

そして、王子さまは「大きなバオバブも最初は小さいでしょう?」と言いました。

王子さまの話から、王子さまがバオバブの木が生えてくるのをとても恐れていることを知りました。王子さまの星は大変小さくて、もし、知らない間にバオバブの木が取り除けないほど大きくなったら、根が星を貫通して、ついには星が破裂してしまうかもしれないのです。

それで王子さまは言いました。

「毎日のきまりにすればいいんだよ。朝、自分の身繕いがすんだら、今度は、星の身繕いをていねいにするんだ。まず、星のどこかに新しい芽がないか調べなくちゃならない。もし、それがバオバブの芽だとしたら、取り返しがつかなくなる前に抜かなくちゃならないからね」

そんなふうにして、王子さまが星にいたとき、何に心をくだいていたか、どんな生活をしていたかがだんだんわかってくるのです。

みんなキラキラした秘密を持っていた！

王子さまと飛行士の関係は、私が最初に学校で出会った子どもたちとの関係に似ています。私が出会った子どもたちは、すぐには自分のことを話してくれなかったり、私の質問に直接答えてくれないことがよくありました。

かずきくんと最初に会ったときもそうでした。

「どんな食べ物が好き?」「兄弟はいますか?」どんな質問をしても、かずきくんは、体を揺らしたり、うれしそうに笑ったり、そしてコマーシャルの台詞《せりふ》を言い続けていました。けれど、そのコマーシャルの言葉も、ただむやみにつぶやいているわけではなかったのです。よく聞くと、私に向かって言っているのか、独り言なのかわからないけれど、教室のあちこちをまわったあとに、「くろがねでしたイトーキでした」と言っていました。

しばらくしてからそれは、学校の椅子に付けられた銀色のシールを確認して、その椅子がどこの会社のものかを言っているのだと気がつきました。ときにはかずきくんは、教室の外に出ていって、帰ってきてから「TOTOでした」と言いました。たぶん、トイレのメーカーだったのだと思います。

そのとき、私が「私の家の洗面台はTOTOです」と言うと、初めて私の顔を見て、「キッチンの水道もTOTO?」と聞いてくれたのでした。そしてだんだんと、かずきくんが銀色のシールとメーカーに興味を持っているのがわかってきたのでした。

ある日、かずきくんが私に「塀の上にのったらだめです。おうちでじっとして待っときなさい。お母さんが言いました」と言いました。学校の帰りに、よそのおうちの、サッシに付けられた銀色のシールが見たくて、塀の上に登っていたところを、ちょうど仕事に行く途中のお母さんが見かけて、そんなところに登ってはいけない。おうちで待っていてね、と叱られちゃったんだなとその頃にはわかりました。

一緒に時間をすごして、お互いのことがわかり合いたいと思って、耳や目をすましていたら、きっと仲良しになれるのですね。星の王子さまも子どもたちも、おんなじように大切なことに気づかせてくれます。

りえちゃんは、あまりおしゃべりをしないお子さんでした。だから最初はりえちゃんのことが何もわかりませんでした。慣れない新しい教室の中で、ときには乱暴なことをしてしまったり、床に座り込んで動かなくなってしまったときも、「どうしたの？」と尋ねても、りえちゃんは、言葉で何かを伝えてくれることはありませんでした

でも、りえちゃんは、ときどきこんな歌を歌うのです。

「人のごはんは　とりません　人の髪は　ひっぱらない　りえちゃん　とってもかたいから」

何度も何度も、うれしそうに、りえちゃんはその歌を歌います。そしてクスクスと笑います。「かたい」というのは金沢弁で「いい子」という意味です。

大好きなお母さんが、叱りつけたり、「そんなことして、だめな子ね」なんて決して言わないで、歌にして、りえちゃんに「他の人のごはんには手を出してはいけないよ。髪の毛も引っ張ってはいけないよ。りえちゃんは、とってもいい子なんだから」と繰り返し教えてくれたのだと思います。

りえちゃんが、何かで悲しそうなときは、私がその歌の出だしを歌います。りえちゃんは、にっこり笑って、一緒に「人のごはんはとりません」と歌うのです。そして、だんだん笑顔になるのです。お母さんの優しい気持ちが、りえちゃんの心をきっと元気にさせるのです。

子どもたちはもちろん大人だって、みんなキラキラとした秘密を心に持っているのです。誰かの行動に、意味がないように思えても、その中に大好きなものや大好きな人や強い思いが、顔をのぞかせる瞬間があります。それを見たとき、私は仲良くなるきっかけを見つけられたと思って、とてもうれしくなります。そして私は、人ってなんていとおしいんだろうと思うのです。

あなたと私、気持ちはつながっている

──「日が沈むのを見たい」と言う王子さま

王子さまがある日、飛行士に「ボクは日が沈むのを見るのが好きだよ。日が沈むのを眺めに行こうよ」と言いました。「じゃあ、待たなくちゃ」と言う飛行士に、王子さまは驚きました。なぜって、王子さまの星はあんまり小さくて、座っている椅子をちょっと動かすだけで、何回だって日が沈むところを見られるのでした。

そして王子さまは言うのです。

「ボクはいつか、日の入りを一日に四十四度見たよ。だって、悲しいときには、入り日を見たくなるものだろう」

飛行士が「四十四度も見るなんて、よっぽど悲しかったんだね」と言ったけれど、王子さまはそのあと何も言いませんでした。

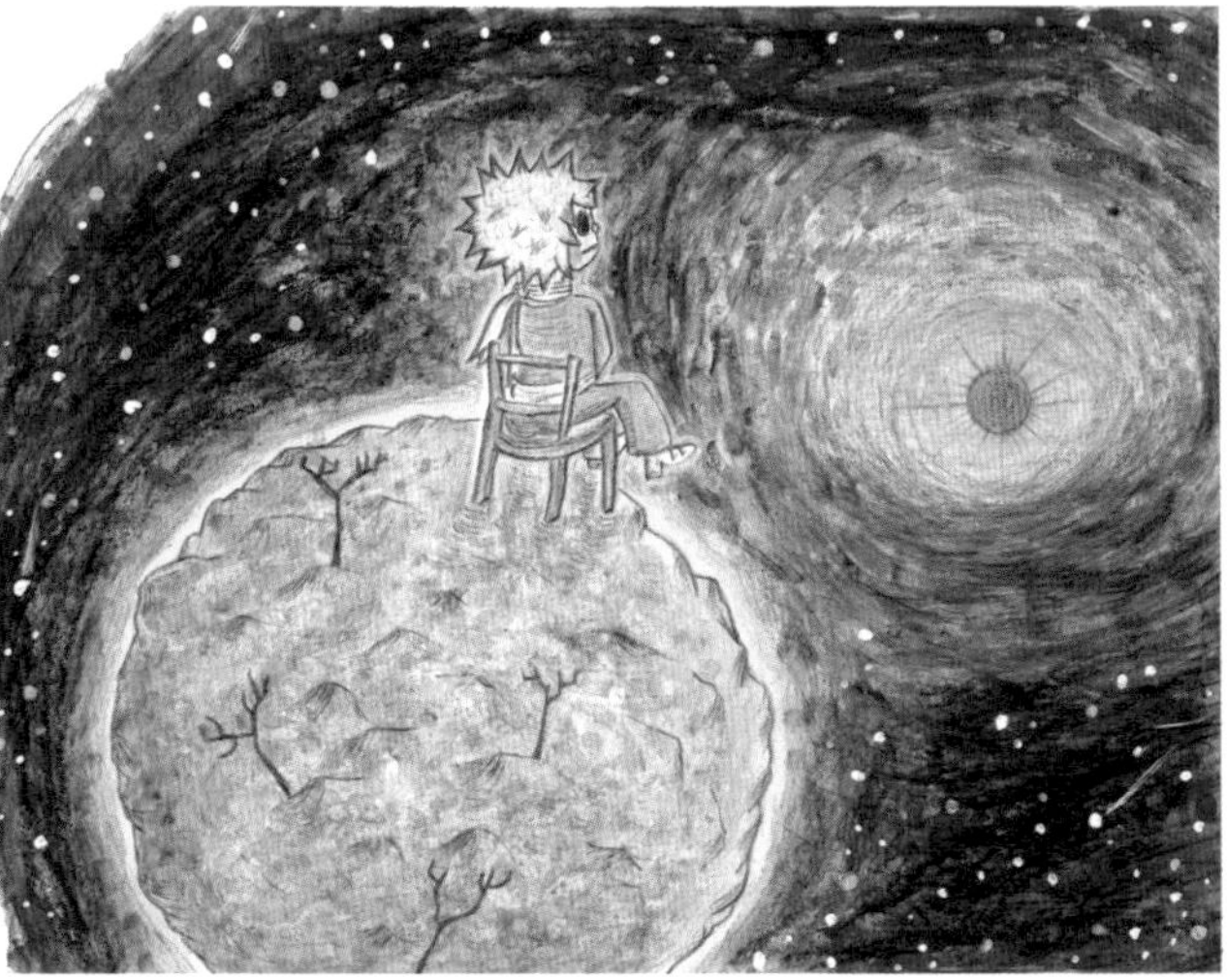

あなたが痛いと私も痛い

私はこの部分を訳したとき、王子さまが夕日を眺めたのが四十三回じゃなかったかしら？　と不思議に思いました。調べてみると、フランス語の本でも四十三回のも四十四回のもあるのです。どちらにしてもそのくらい王子さまは悲しかったのです。

目の前の人が、理由を言わなくても、実は悲しいんだと知ったとき、私たちはどんな思いがするでしょう。たとえ出会ったばかりであっても、やっぱり、悲しい気持ちになるのだと思います。

私がまだ保育園にいたときに、お友だちの誰かが怪我をすると、たとえば、膝小僧から血を出すと、私も足が痛くて泣けました。誰かが指を怪我すると、やっぱり指が痛かったし、誰かが悲しそうに泣いていると、私も悲しくて仕方がありませんでした。

昔はそんな自分がとても嫌でした。だって、先生は大変です。怪我をして泣いている子の手当てをしなくちゃならないし、なぐさめなくちゃならないのに、怪我をしていない私まで泣いているのです。先生は私をなぐさめようと、「かっこちゃんが痛いわけじゃないんだから」と言いました。かっこちゃんが怪我をしたわけじゃないし、かっこちゃんが痛いわけじゃないんだから、かっこちゃんが泣くのは変だよ。

だから私は、涙が出そうになると、見られないようにカーテンに隠れたり、部屋の荷物が積んであるところに隠れるようになりました。

先生は忙しいのに、私がいなくなっちゃうと、やっぱりすごく大変だったと思うのです。だから、「かっこちゃん、いなくならないでね。先生はとても大変になるのよ」と言いました。それは当然のことでした。私はそれでも、泣かずにはいられなくて、隠れずにはいられなくて、やっぱりそんな自分がだんだん嫌いになりました。

でも、大人になって誰かが痛いとき、誰かが悲しいときには、泣いていいんだと思うようになりました。それを教えてくれたのも、子どもたちでした。

ある日のこと、私は授業中につまずいて、転んでしまったのです。そのときに、つまずいた足の指が痛くて痛くてたまらなくなりました。

その授業はなんとかやりすごすことができたのだけど、でも、痛みがどんどんひどくなってきて、泣きたくなりました。あとでわかったのですが、私はそのとき足の指を骨折していたのです。

私が痛そうにしているのを見て、千夏《ちなつ》ちゃんが、私の足を指さして、何度も「あーあー」（だいじょうぶか）と聞いてくれました。

次の授業は体育。私は体育の受け持ちではなかったので、千夏ちゃんに「だいじょうぶだからね」と言って、体育館のほうへ行くのを見送ったあと、教室の中にある着替え用のカーテンの中に入って、そしてそこにあった膝掛けを頭からかぶって、膝を抱えて泣いていました。だって、どうしたらいいかわからないほど、すごく痛かったのですもの。

でも、そろそろ次の授業が始まるからと泣くのをやめて、座ったままカーテンを開けたのです。すると、そこに千夏ちゃんが涙をいっぱいためて立っていたのです。そして私を抱きしめて、私の頭を小さな手で何度もなでてくれました。

千夏ちゃんは私の足を心配して、体育館から戻ってきてくれたのです。そして、ずっと心配して一時間近くもそこに立ってくれていたのです。

千夏ちゃんは言葉を話さない生徒さんでしたが、声にはならなくても、「かっこちゃん痛いよね、痛いよね」と言ってくれていたのだと思います。私は千夏ちゃんと、小さいころの自分が重なりました。そして、私はそのとき、人は誰かが痛いと自分も痛くなるようにつくられているんだと思いました。そして、誰かがうれしいと、自分もうれしくなるように作られているんだと思いました。

バリ島に行ったときに、今はマス村の村長さんをしているダルマユダさんという男のガイドさんと友だちになりました。ダルマユダさんは、私に「バリには〝あなたと私〟という言葉があるよ」と言いました。「あなたと私？　どういう意味？」と尋ねると、「あなたが痛いと私も痛い。あなたがうれしいと私もうれしい。人はみんな一緒。つながっているんだということだよ」と教えてくれました。

星の王子さまが四十四回も日の入りを見なくてはならなかったくらい、悲しいことがあったんだと知った飛行士は、きっとやっぱり悲しかったと思います。そして、王子さまがいつも笑っていてくれたらうれしいのにな、と思ったに違いありません。

30

花のトゲは役に立たないの？

——ボルトを外そうとしている飛行士への質問

王子さまが急に言いました。

「羊は小さな木を食べるんだったら、花も食べるの？」

「ああ、そこにあるものはなんでも食べるさ」

飛行士がこう答えると、王子さまは「トゲのある花も食べる？」と聞きました。

「ああ、なんでも食べる」

「じゃあ、トゲは何のためについているの？」

飛行士はそのとき、モーターのボルトをあまりに締めすぎていたので、それを外すのに一生懸命でした。もう飲み水も底をついていて、手も足も出ない状態だったのです。

王子さまは答えるまであきらめずに何度も聞きました。

「トゲは何のためについているの？」

飛行士は、ボルトが外れずにいらいらして、でたらめに答えました。

「なんの役にも立たないよ。ただ、花はいじわるをしたいだけだよ」

王子さまはしばらく黙っていたけれど、それからむっとしたように言い返すのです。

「そんなことうそだよ！　花は弱いんだ。そして無邪気なだけだよ。トゲは自分を守るためにあるんだ。それなのに、君は本当にそんなことを思っているんだね」

飛行士は、このボルトがいうことを聞かなければ、金槌でぶっとばそう、それしかないと考えていたところでした。

「ちがうよ、なんとも思っていやしないんだ。でたらめに返事をしたんだ。とても大事なことが頭にひっかかっているからね」

王子さまはあっけにとられて、飛行士の顔を見ました。

「いったい何？　大事なことって」

そして、王子さまはある星で出会った赤黒という名前の先生の話をします。

「赤黒という名前の先生は、花の匂いもかいだこともないし、星も眺めたこともなくて、だれも愛したことがないのに、『いそがしい、いそがしい』と寄せ算ばかりしていて、いばりくさってる。

何百万年も前から苦労をして、花がトゲを作るわけを知りたいということが、大事ではないというの？　花

が羊に食べられてしまうということが、たいしたことじゃないというの？　ふとっちょの赤黒先生の寄せ算より、大切なことじゃないっていうの？　ボクの星に、よそにはない美しくてめずらしい花が咲いていて、それを羊がうっかりと食べてしまうようなことがあるということを、ボクが、このボクが知っているのに、君はそれが大事じゃないというの？」

王子さまは続けました。

「何百万の星のどこかに、たった一輪の大好きな花が咲いていると思うだけで、何百万の星を眺めて幸せになれる。どこかに咲いているんだと思うだけで幸せになれる。でも、羊が花を食べたとしたら、その人の星という星が突然消えてしまうかもしれないんだよ。それでも、たいしたことじゃないっていうの？」

そして王子さまは泣いて泣いて泣きじゃくるのです。飛行士はもうボルトが回らなくても、水がなくてのどが渇いて死にそうであっても、お腹がすいていても、そんなことはどうでもよくて、王子さまをなぐさめたいと思うのです。王子さまを抱いて静かにゆすりながら、「だいじょうぶだよ。君の羊には口輪を描くよ。君の花には囲いを描くよ」と言うのです。

かずきくんの大事で大切なこと

ある年の冬のこと、私は子どもたちと貸し切りバスに乗って、プラネタリウムに出かけることになりました。理科の教員の私は子どもたちに「冬の星座をひとつ覚えてきてね」と宿題を出しました。帰ってきて、教室でかずきくんに「今日は何を覚えてきたの？」と聞きました。かずきくんは「シェル石油、見ました。出光石油、見ました」と言いました。かずきくんは、大好きなガソリンスタンドの看板が見えたよと言ったのです。

私は「せっかくプラネタリウムに出かけたのに……。冬の星座の名前を覚えてほしかったな」と言いました。かずきくんはすまなそうに「ごめんなさい」と言って、教室でオリオン座を覚えて帰ってくれました。

その夜、私は先輩と近くのスキー場へナイターに行きました。

リフトに乗っていると、下に、可愛いウサギの足跡が続いているのが見えました。なんて可愛いのだろうとうれしくなって、先輩に「ウサギの足跡がありましたね」と言ったら、先輩は「そんなものを見ていたのかい？　リフトからは、上手な人の滑りを見なくちゃだめじゃないか」と言いました。私はそのときになってようやく、はっとしたのです。

かずきくんにとっては、冬の星座を覚えることなんて大切なことではなかったのです。でも、ガソリンスタンドを見られたことは、とてもうれしくて大切なこと。私は上手な滑りは見ることができなかったけど、ウサギの足跡は本当にうれしくて大切だったのです。人によって、大切なことは違うのですね。

そしてもうひとつ、すごく大切なことがありました。それは、かずきくんが私に「シェル石油が見えてうれしかったよ。出光石油が見れてうれしかったよ」と伝えてくれたことだったのです。私はもう、冬の星座を覚えてもらうことよりも、かずきくんがうれしかったよと伝えてくれたことの方が大切になりました。

かずきくんごめんね、とその日は眠れない夜でした。飛行士はいつしか、自分の飛行機を直すことよりも、王子さまが元気になることが大切になったのですね。

「愛する」ことを知っている人たち

――美しい花と王子さまのため息

飛行士はやがて王子さまの言っていた花が、どんな花なのか知ることになりました。もともと王子さまの星には、一重のすっきりとした、場所もとらない花がいくつも咲いていました。その花は朝咲いたかと思うと、夕方にはもう消えてなくなるような花だったのです。

ところがあるとき、どこから飛んできたのか、他の芽とは似ても似つかない芽が生えてきました。王子さまはそれがバオバブのように、星にとって悪い植物だといけないので、始終見守っていました。

けれど、それはそれほど大きくならないうちに小さな木になって、つぼみをつけました。そのつぼみは、みどりの覆いの中で、なかなかお化粧をやめませんでした。なかなかのおしゃれで、念には念を入れて、お化粧をしていたのです。王子さまは、どんなに美しい花が咲くだろうと幾日も待っていました。

そして、とうとうある日の朝、お日さまが昇ると一緒に、あくびをしながら顔を見せました。

「ああ、まだ眠いわ。ごめんなさい。私、髪の毛もまだとかしていなかったわ」

王子さまはとても美しい花だなと思ったのです。王子さまが「きれいだ」と言うと、花は「そうですとも。だって、私、お日さまと一緒に生まれたのですもの」と言いました。王子さまは少しため息をついて、謙虚ではないなあと思いました。

花は王子さまにことごとく頼み事をするのです。「そろそろごはんの時間じゃない?」王子さまはそのたびに、新しいお水を汲んでごちそうしました。

それから、花は何度も王子さまをすまない気持ちにさせるのです。トゲの話をしたときは、「猛獣が襲ってくるかもしれないから」と言う花に、王子さまが「この星には襲ってくる虎もいないし、虎は草を食べないよ」と返すと、「私は草じゃないわ」と言うので、王子さまはまた、すまない気持ちになりました。

花は「虎は怖くないけど、風が寒すぎる。ついたてがほしいわ。ガラスの覆いをかぶせてね」とお願いします。

王子さまは、花をとてもいとおしいと思っていたけれど、あんまり花がわがままばかり言うので、花を信じられなくなったり、それからだんだんうんざりして、そして花の言葉に傷ついたり、みじめな気持ちになっていったのでした。

王子さまは飛行士に言いました。

「花の言うことを、そのまま受け止めちゃいけなかったんだ」

王子さまは気がついていたのです。

「あの花はとてもきれいだった。そして、ボクの星をいい匂いでいっぱいにしてくれた。そのことに思いが及ばなくて、ボクは花から逃げてしまったけれど、あの花がボクにいろいろなことを言ったのも、本当はボクを好きだったからかもしれない。ボクは逃げちゃいけなかった」

そして、王子さまは言いました。

「ボクはまだまだ小さすぎて、愛するということがわからなかったんだ」

迷って悩んで、だからこそ

王子さまは、花のいろいろな「お世話」や、花との関わりに疲れてしまっていたのでしょうか？

私は王子さまと花のお話を読みながら、「子どもたちと親御さん」のことを考えています。

子どもたちを大きくするということは、簡単なことではありません。赤ちゃんのときは、起きてから眠るまで、ミルクや着替え、おむつ替えなど赤ちゃんを「お世話」することがたくさんあります。

そして、障がいを持っているお子さんも、ときにはそばにいて、食事のこと、トイレのこと、着替えのことなど、いろいろなことを手伝う必要があります。

多くの場合は「お世話」なんて思わないですごしていても、ときには、ひどく疲れていたり、病気になって気が弱くなっていたり。そんなときは、お母さんもお父さんも、不安になったりということがあると思うのです。

おうちの方から、泣きながら「自分の子なのに、可愛いと思えないの。自分を責めて責めて、苦しいの」とお電話をいただくこともあります。


あるお父さんは言いました。

「僕の子どもは自閉症。水にこだわりがあって、家中水びたし。衝動的にものを壊したり、泣いたり、自分を傷つけ続けたり……。僕には耐えられなかったんだ。女房も、子どもにかかりきりになり、夫婦の間はうまくいかなくなった。

でも、逃げるべきじゃなかった。僕は今もずっと、逃げたことを後悔している。息子を妻に押しつけて逃げて家を出た日を、何度も夢に見るんだ。生まれた日のうれしかったこと、女房と一緒になれて幸せだったこと。そして息子も、起きているときは、どうしたらいいかわからなかったが、寝顔は本当に可愛かった。息子がいて、僕は父親になれたのに、逃げるべきじゃなかった」

愛するとはどういうことでしょう。もちろん最初から可愛くて可愛くて仕方がなかったというご両親もたくさん知っています。

でも、やはり、いつ終わるということがない「お世話」や、自分の時間がないと感じることはつらいことです。

「お世話」を「犠牲」のように思ってしまうことも、ときにはあるかもしれません。そんな気持ちも、愛すればいつか変わってくるのでしょうか？

学校の次郎くんのお母さんから、ある日、電話がありました。「お兄ちゃんが事故にあったという電話が病院からかかってきたのです」とお母さんはひどく泣いていました。「次郎くんのお兄ちゃんのお怪我はひどいのですか？」てっきりそうだと思って、おそるおそる尋ねると、お母さんはそうではないと言うのです。救急車で運ばれたけど、打撲だけで、頭を打った様子もなく、元気だと言うのです。

「ああよかった。よかったですね。それなのにどうしてお母さんは泣いていらしゃるのですか？」

お母さんが電話の向こうで、また悲しそうに泣かれました。

「一瞬だけなのだけど、本当に一瞬だけど、お兄ちゃんじゃなくて、事故にあったのが次郎だったらよかったのに……代われるものなら代わってくれたらいいのにと、私、思ってしまったんや。本当になんという親やろう。私、ひどい親や。次郎に対して本当にすまないことや」

お母さんはだれよりも次郎くんを愛しておられて、大切に大切に育ててこられたのです。障がいを持っている次郎くんと、たえず一緒にいることは、大変な苦労もあると思うのに、そんなことは少しもないと、いつも明るくおっしゃっているのです。

百人が百人認めるくらい次郎くんはお母さんに愛されているのです。そんなお母さんが、電話でお兄ちゃんの事故の知らせを受けたときに、どんな思いがめぐったのでしょうか？

「そんなふうにご自分を責めないでください。お母さんは前に『私ら親が死んだら次郎はどうなるんやろう。次郎は親より早く死んだほうがいいなんて思うことさえある』って、言ってらっしゃいました。そんなことを考えられたからじゃないですか」

どんなふうに私が言っても、お母さんは悲しそうに、ご自分を責め続けていました。

「代わればいい」と思ったのは一瞬のことなのに、ずっとお母さんはこのことを忘れずに、これからずっとご自分を責め続けられるのではないかしらと心配になりました。

そのときに思い出したことがありました。それは優くんのおばあちゃんが話してくれたことです。

優くんは仮死状態で生まれました。優くんは生まれたときにお医者さんに、助からないと思ってほしい、もし万が一助かったとしても重い障がいが残ってしまう、と言われたそうです。

そのときおばあちゃんは「私は今生まれたばかりの赤ん坊より、自分の息子が可愛かったんや。赤ん坊が助かったとしても、重い障がいを背負うことになるなら、息子の人生はとても暗くつらいものになるんじゃないかと心配でたまらなかった。それくらいなら、ここで、赤ん坊が死んでくれたほうがいいと、そのとき、私は思ってしまったんや。赤ん坊はまた産めばいいって。先生、親ってね、勝手やね。息子のことが一番可愛い……そんなものだわ」

おばあちゃんは目に涙をためて、優くんの頭をなでながら話してくれました。

「こんな可愛い子をそんなふうに思うなんて恐ろしいことやね。そやけどね、私は、そのときにそんなふうに考えたことをずっと覚えているから、この子がなお、いとおしいと思うんやわ。確かに死んでくれたほうがいいというのは、とてもひどいことだけど、そんなふうに思ったからこそ、私は『優ごめんね、優ごめんね』と、これだけ優を可愛がるんやわ」

　次郎くんのお母さんは、次郎くんを今までだって、本当に愛しておられるのだけど、今ご自分を責めていることで、これからも優くんのおばあちゃんのように、もっともっと愛し続けるんだと思いました。優くんのおばあちゃんのお話をすると、お母さんは初めて泣きやんで、小さな声で「そうやね」とおっしゃいました。

「愛するということがわからなかった」という王子さま。愛するとは本当にどういうことなのでしょうか？

表の言葉とその奥の気持ち

――王子さまの旅立ち

王子さまは、たぶんですが、渡り鳥が他の星に移り住むのを見て、自分も星をあとにしようと決めたのだと思います。王子さまは、二つの活火山と一つの休火山を、爆発しないように、丁寧にすすはらいをしました。そして、最近生えたバオバブの木の芽を抜いて、そして花に水をあげて、それから覆いガラスをかけてあげようとして、今にも涙がこぼれそうになりました。

返事をしない花に「さようなら」と何度も声をかけると、しばらくして花は「私がバカでした。ごめんなさい。お幸せに」とやっとのことで言いました。文句を少しも言わない花に王子さまが驚いていると、花が「私は本当はあなたが大好きでした」と言うのです。そして覆いガラスもいらないと花は言いました。「風が吹いたらさっぱりするし、それに、蝶とお友だちになるためには、青虫もがまんしなくちゃね。あなたが遠くに行ってしまうのだから、お友だちを作らないとね」と言いました。

そして、見栄っ張りの花は、王子さまに涙を見せたくなくて、「ぐずぐずしないで、じれったい。決めたのなら早く行ってしまって」と言いました。

隠された本当の心をいつも探していて

私は思います。自分の心だって思いどおりにならないのに、自分以外の人の心を思いどおりにできるはずもないし、自分の本当の気持ちもよくわからないのに、人の心を理解することは簡単じゃないで

すね。

　王子さまが、花のいじわるな言葉の奥に、花がどんなふうに思っているかを知ることができなかったのは、仕方のないことだったのだと思います。

　どうして私たちはときどき、大好きな人にいじわるを言ってしまったり、決して人を傷つけたいわけじゃないのに、カッとして、自分でも驚くようないじわるを言ってしまうことがあるのでしょうか？

　特別支援学校に勤めるようになってから、私は、もしかしたら、表に見えていることだけが、その子の心を表しているのではないのじゃないかと気がつくようになりました。まったく逆のこともあるのじゃないかと思うようになりました。

　ときに、怒っていて、物を投げたり、大きな声を出したり、乱暴をしてしまうけれど、実は、決してそんなことをしたくはなく、たとえば、勝手に手が動いてしまったり、知らない間に口から言葉が出て、とても悲しかったという話をしてくれる子どもたちに出会うようになったのです。

詩が上手な大ちゃんもそうでした。大ちゃんは「僕は表の気持ちと奥の気持ちがある」と言いました。そして、自分が知らないで乱暴な言葉を言ってしまっていても、静かにしていると、奥の本当の気持ちが静かに顔を出してくると言います。

大ちゃんはそのことについていくつか詩を作っています。

僕の本当の気持ちは　水色の気持ち。やさしい気持ちは水色なんやで

ごちゃごちゃ言うと　あかんくなる　静かにしてると　わかってくる

聞こえへんで　俺、今から観音様の心になるから

王子さまが星に残してきた花も、「ぐずぐずしないで、じれったい。早く行ってしまって」なんて本当は言いたくはなかったのかもしれません。「どうか、行かないで」と引き留めたかったのかもしれません。

本当に気持ちというものはむずかしいものです。言葉によって、相手も自分も傷ついたり、嘘を言ってしまったり、悲しかったり、うれしかったり……。でも、だからこそ、人は響き合って、学び合ったり、教え合ったりするのかもしれないですね。

みんな自分の気持ちで生きている

――第一の星には王さまが

王子さまはいくつもの星の見物を始めました。第一の星には王さまが住んでいました。王さまは王子さまを見かけると「やあ、家来がやってきたな」と言いました。

どうして一度も会ったことがないのに、そんなことを言うのだろうと王子さまは不思議でしたが、王さまにとったら、人はみんな家来なのでした。そして、王さまはとにかく、すべてのことに命令をしました。

旅で疲れた王子さまがあくびをすると「あくびをするのは失礼だ。あくび禁止だ」と言いますが、「どうしても疲れて、がまんができないのです」と言うと、今度は「それならあくびをしなさいと命令する」と王さまは言いました。「胸がどきどきしてできません」と言うと、「それではこう命令する。あるときは、あくびをし、あるときは……」

とにかく王さまは自分の威光に傷がつかないことが何よりも大切だと思っていて、命令にそむかれるようなことがあってはならないと思っていたのです。

「座ってもいいでしょうか?」と言う王子さまに「座りなさい。命令する」「お尋ねしたいことがあります」「尋ねなさい。命令する」

そんなやりとりのあと、王子さまは王さまに「いったいどこを支配しているのですか?」と尋ねます。

王さまは「どこもかも、みんなじゃ」と答えます。

そんな王さまは実は気のいい王さまなので、無理な命令はしないのでした。

夕日が見たいと思った王子さまが、「お日さまに沈めと命令してください」と言うと、王さまは「わしが大将に、鳥になれとか、蝶のように花から花へ飛び回れと命令して、大将が命令に従わないときは、わしと大将とどっちが間違っているだろうね」と言いました。王子さまは、「それは王さまでしょうね」と答えます。

王さまは「そのとおり、人にはめいめい、できることとできないことがある。できることをしてもらわなければならない。道理のうえでの権力じゃ」と答えるのです。

王子さまは夕日もすぐに見られないし、ここにいても、何もすることがないなと考えて、「もう行きます」と言います。

王さまはさびしくなりましたが、王子さまにどれだけ「行くな」と言っても、言うことを聞いて

くれそうもないので、「法務大臣にしてあげるぞ」と言います。どうしても、王子さまにここにいてほしかったのです。

そして王子さまが「ボクに出発しなさいと命令してはどうですか?」と言っても、王さまは何も言えなくて、そして「わしの大使にするぞ」と、去っていく王子さまの後ろ姿に向かって叫ぶのでした。

王子さまは、大人って本当に変だなあと思うのでした。

ゆうきちゃんと泣き合った日

私はこの王さまが嫌いではありません。どちらかというと好きです。そしてもしかしたら、王さまはつらいのじゃないかなとも思います。

私は、本当は人はだれに対しても、どんなときも命令なんてすることはできないし、命令されるということもあってはならないのじゃないかと思っています。何かしてほしいことがあったときに、「してくれませんか」とお願いすることができても、するかしないかを決めるのはいつだって、本人でなければならないと思うのです。

なぜなら自分の行動に対して、自分の人生に対して、自分の命に対して、責任を持てるのは自分以外のだれでもないと思うからです。

命令という言葉で思い出した女の子がいます。女の子の名前はゆうきちゃんといいました。ゆうきちゃんは、誰かが誰かに命令するということのおかしさと同時に、泣くということの意味についても考えさせてくれました。

中学二年のときに交通事故にあって、片足を切断された女の子が学校に入ってきました。ゆうきちゃんという名前の女の子でした。

ゆうきちゃんはまったく笑いませんでした。周りにいる者が話しかけても、そっけなかったり、険しい答えしか返ってはきませんでした。

教員たちがゆうきちゃんの授業に出て、職員室に帰ってきたときも「私、あの子苦手やわ。何言っても知らんぷりやし、しゃべってもくれんから」「つっぱってて、どう扱ったらいいかわからない、扱いづらい子やわ」と言うのです。

同僚が「確かにあなたは足がなくなって、つらいだろうけど、みんなに可哀想って思ってほしいと考えるのは大間違いよ」と言ってしまったことがありました。

ゆうきちゃんは、その言葉を聞いたとたん、「だれが可哀想って思ってほしいって言った？　おまえなんか出て行け」と同僚の服を引っ張って、はさみで切ってしまったのです。

私がゆうきちゃんと初めてお話をした日、教室に入っていくと、ゆうきちゃんは背筋をまっすぐにして、クラスに置いてあるたったひとつの学生机に座っていました。まるですべての人とこれから闘うつもりだとでもいうように、口をきっと結んで前をにらんでいました。

「今日の給食のメニュー何かなあ、ゆうきちゃんは何が好き？」

ゆうきちゃんはこちらをちらっと見て、「関係ないでしょ。どうしてそんなこと答えんといかんの？」と投げつけるように言いました。

私が黙って、次になんと言ったらいいかわからずにいると、ゆうきちゃんは怒った声で「それともあんた、私に答えなさいって命令するの？」と言いました。

ゆうきちゃんの答えに私はとても驚きました。

「命令だなんてとんでもない。これは雑談だし、そうじゃないとしても、ゆうきちゃんにいつだってどんな命令だって私はしないわ。誰かが誰かに命令するなんて、私はおかしいと思うの」

ゆうきちゃんはとても驚いたように私のほうを見ました。

「私がゆうきちゃんとすごせるのは国語の時間だけだけど、その時間はゆうきちゃんの好きなことをしようよ。できることはどんなことでもだいじょうぶ」

ゆうきちゃんは私の顔をじっと見つめていて、どう答えたらいいのか警戒しているようでした。

「お料理でもいいし、音楽でもいいし、どこかへ散歩に行ってもいい……」、そう言いかけたときにゆうきちゃんは突然「イヤ、散歩はイヤよ」と険しい顔で言いました。

「嫌なことはしなくていいの。私、無理をしないのが好き。ゆっくりするのが好き」私はできるだけゆっくりと答えました。

ゆうきちゃんの顔がだんだん柔らかくなっていくのが私にもわかりました。そして、うつむきながらぽつりと言いました。「がんばらなくてもいいの？」

私はゆうきちゃんの「がんばらなくてもいいの？」という言葉が、足を片方失ってから、これまでのゆうきちゃんの苦しみの大きさを教えてくれている気がしました。

足を失ったことをだれからも「可哀想」なんて言われたくないという思いから、つらくても痛くても、がんばって義足で歩く練習を毎日してきたゆうきちゃんが、その苦しみを自分で守ろうとして、心の壁を作っているのだと思いました。

「したいことをする時間にしたいな。ゆうきちゃんと私の楽しい時間にしたい」

私の言葉を聞いたとたん、どうしたことでしょう。ゆうきちゃんの目がみるみる涙でいっぱいになったのです。今まで、叱られても、どんなにつらい訓練があっても、一度も泣かなかったゆうきちゃんなのに……。

ゆうきちゃんの涙から三秒もたたないうちに、私だって泣きたくなってしまいました。私は泣き虫だから、すぐに声をあげて泣いてしまいます。私の声を聞いたゆうきちゃんは、私よりももっと大きな声をあげて、私と抱き合うようにして泣き出しました。

「泣いてもいいの？　泣いてもいいの？」

「つらいときは泣いたほうがいいよ。悲しいときも泣けばいいし、泣きたくなったら泣いていいんだよね」

ふたりとも泣きながらも話をしました。

うんと泣いたあと、ゆうきちゃんはにっこり笑ってくれました。やさしい、うれしい笑顔でした。ゆうきちゃんはそれから、私とだけでなく、少しずつ、友だちとも仲良しになっていきました。涙には、自分を守るために作った壁を融かすエネルギーがあるのだと思います。

ゆうきちゃんとは、その後、いろいろな話をしました。一緒にセーターを編んだりもしました。ゆうきちゃんはエッセイも書きました。ゆうきちゃんのやわらかな気持ちが溢れているエッセイでした。お母さんが「昔のゆうきに戻ってくれた」と喜んでくれました。

泣きたかったら泣けばいい。苦しいことは軽くなるし、悲しいことも軽くなる。もし誰かを少し恨んでいるようなことがあったとしても、その気持ちを薄く軽く、涙はしてくれると思います。だからね、泣いてもだいじょうぶ。きっと涙は私たちの味方だと思います。

そして、もうひとつ。私が忘れられないのは、ゆうきちゃんと私が仲良くなれたきっかけの言葉です。ゆうきちゃんは「それとも私に命令するの？」と聞きました。そんな関係の中では、自分のありのままを出すことはできないのだとゆうきちゃんは思ったのかもしれません。

ゆうきちゃんとの出会いが、大人だってだれだって、自分を偉く見せないでいいし、ありのままでいいんだ、それがとても大切、と教えてくれたなあと思うのです。

私は、人はいつも、学び合って、教え合って生きていると考えています。年齢も立場も、お互いがどんな関係であっても、きっとそれは間違いのないこと。そして、お互いに必要だからこそ出会えて、みんなでそれぞれが大切な宇宙の一部分を担いながら生きているのだから、決してどちらが偉いとか偉くないとかいうことはなく、そして、命令をするとか命令されるということは、あってはならないのじゃないかと思います。

王さまは、みんなの中で平等に生きていられたら、もっと楽だっただろうなと思います。お日さまは、お日さまの都合で沈むのだと知っている王さまだから、だれもが、あくびをしたいならすればいいし、したくないならしなくてもいいんだと思い合えたらよかったのにと思います。だれもが自分の意思で、自分で責任を持って生きていけるという関係はうれしい関係ですね。

他の人の目を気にしていても
――第二の星は、うぬぼれ屋さん

二番目の星にはうぬぼれ屋の男の人が住んでいました。

男は王子さまを見かけるなり「俺に感心している人間がやってきたぞ」と言いました。「へんてこな帽子をかぶっているね」と王子さまが尋ねると、「この帽子は、みんなが俺に感心したときに、挨拶するための帽子だ」と言いました。そして「さあ、俺に感心しなさい。手をパチパチ叩きなさい」と言うのです。

王子さまが手を叩くと、男は帽子を持ち上げて、ていねいにお辞儀をしました。何度パチパチ叩いても同じことをするので、王子さまはすっかりくたびれてしまいました。そして、王子さまが何か質問をしても、うぬぼれ

屋は返事をしませんでした。褒め言葉以外はどうも聞こえないようなのです。

そしてうぬぼれ屋は「お願いだから、俺さまがこの星で一番かっこうがよくて、一番素敵で、一番お金持ちで、一番賢いと感心しておくれ」と言うのです。

王子さまが「だって、この星には君一人しかいないじゃないか」と呆れても、「とにかく感心しておくれ」と言うのでした。

王子さまは「人に感心されることが、どうしてそんなにおもしろいのだろう」と言いながら、その星をあとにしました。そして、大人ってなんてヘンテコなんだろうとまた思うのでした。

忘れられない、あやちゃんのおばあちゃん

本当に、私たちは、他の人にどんなふうに思われるかをとても気にするなあと思います。それだけでなくて、子どもたちにも、そんな自分の想いを押しつけて「そんなことをしたら、他の人に変に思われますよ」「恥ずかしいから、やめなさい」なんて言うのです。

大切なのは、だれかにどんなふうに思われるかではないと、子どもたちはいつも教えてくれます。素晴らしいことは、だれにどう思われようと素晴らしいし、してはいけないことは、どんなふうに思われても、してはいけないのだと。

そして心の目と耳をすませて、自分の深いところに恥じないように生きていくことが大切なんだと子どもたちは教えてくれました。


ある年の入学式の日。私は朝の自由時間の教室で、あやちゃんという女の子と会いました。「これから一緒に勉強するよ」と、私は手作りの花飾りをあやちゃんの胸につけました。あやちゃんはすごくそれを喜んでくれて、声をたてて笑って、私の手をとって、くるくる回ってくれました。本当にうれしそうで、私も幸せな気持ちになりました。

そのときに、おばあちゃんの声がしました。「あや、みっともないからやめなさい」

そのとたん、あやちゃんは涙をぽろぽろとこぼして、下を向いてとても悲しい顔をしました。

そしてあやちゃんは、つぶやくように「みっともないからやめなさい。みっともないからやめなさい」と二度言いました。一緒に回っていた私も、あやちゃんと一緒に叱られたように思って、ひどく悲しい気持ちがしました。私が悲しかったのはどうしてでしょう。あやちゃんが悲しかったのはどうしてでしょう。

あやちゃんは、おばあちゃんに叱られたから悲しかったのではないと、私は思いました。

あやちゃんは学校に入学して、家族やみなさんがお祝いしてくれて、新しい先生と出会い、お花もつけてもらって、きっときっと誇らしかったと思います。うれしかったと思います。そのうれしさは、きっと家族みんなのうれしさだと、あやちゃんは感じていたと思うのです。でも、そうではなかったのだと感じたのかもしれません。

あるいは、くるくる回ったことではなくて、あやちゃんは自分自身を否定されたような気持ちがしたのかもしれません。

私が教室で一番にあやちゃんのご家族に「おめでとうございます」とお話ししたとき、おばあちゃんは首を振って、「養護学校なんかに入学してね、恥ずかしい。上の子たちはみんな、いい高校に入ったんですよ。この子はどうしてね、こんなふうになってしまったのか」と言われました。

私は「おばあちゃん、だいじょうぶですよ。楽しい毎日が始まりますよ」と言いましたが、本当は、もっと違うことを言いたかったのです。「だれかと比べるなんてしなくてもいい。みんな素敵で、みんな素晴らしいと、子どもたちはいつも教えてくれますよ」と本当はそう言いたかったのです。

そして、おばあちゃんも比べることや、他の人からどう思われるかということから逃げだせないことで、悲しい思いをされているのだろうなと思いました。おばあちゃんも、あやちゃんも、みんな悲しいんだと、私の胸に悲しみが入ってきたようでした。

けれどそのあと、卒業するときには、あやちゃんのおばあちゃんは、あやちゃんの一番の応援者であり、理解者になりました。

卒業式の日、あやちゃんのおばあちゃんが言われたことを忘れることができません。

「運動会や文化祭で一生懸命に頑張って走ったり、歌ったりするあやや、友だちをずっと見ていて、私はこんなにも大きな声で応援する自分にびっくりしました。きっとだれよりもたくさん泣いたと思いますよ。一生懸命ということは、何よりも人を感動させると思いました。卒業したら、いろんなことがあると思うけど、みんなの頑張りは、きっと多くの人の心を変えますとも」

おばあちゃんは、あやちゃんだけでなく、たくさんの子どもたちを自分の孫のように、同じく可愛がってくださって、みんなのこともいつも大好きでいてくださいました。

みんな自分のことを大好きでいて!

――第三の星は、呑み助の星

次の星には呑み助が住んでいました。王子さまはこの星をちょっと訪れただけだけど、とても気が沈んでしまいました。

呑み助はたくさんの空き瓶の中で、座ってずっとお酒を飲み続けていました。「何をしているの?」と聞くと、呑み助は「酒を飲んでいるんだ」と泣きそうな顔で言いました。「どうして飲み続けるの?」「忘れたいからさ」と呑み助が言うのです。「何を?」と尋ねた王子さまに、呑み助は「恥ずかしいのを忘れたいからだ」と言いました。「何が恥ずかしいの?」と尋ねると、今度は「酒を飲んでばかりいることが恥ずかしいんだ」と答えました。

王子さまは、どうしていいかわからなくなって、そこを立ち去りました。そして王子さまは、大人って本当に変だなあってまた思うのでした。

ありのままの自分を大切にすること

このお話を読んだときに、きっと呑み助さんは、自分のことがなかなか好きになれないのだと感じました。

私は子どもたちと一緒にいて、一番に感じたのは、みんな素敵でみんな素晴らしいんだということでした。そして、それは、自分のことを好きでいていいんだという思いにつながったのです。

それでも、私はすぐに、自分のことをまるごと全部好きになれたわけではありませんでした。嫌いなところもいっぱいあって、失敗もいっぱいして、ときどき「ぎゃー」と叫びたくなるくらい、忘れてしまいたいこともあります。

私は呑み助のようにお酒を飲まないけれど、それと同じくらい、自分から逃げ出してしまいたいと思うこともありました。そんな私を助けてくれたのは、学校の大ちゃんやかずきくんや、ゆきちゃんやりえちゃんや、もっとたくさんの子どもたちの存在と、それからもうひとつ、自然があまりにうまくできていて、いらないものはなにひとつもなくて、みんな必要で、必要な形にできているということでした。

私は小さなときから、いろいろなことが不思議でたまりませんでした。たとえば、桜がいっぱい咲いて、道をピンクに染めたときに、その桜の花びらがいつかなくなってしまうのが不思議でした。秋の銀杏《いちょう》もあたりを真っ黄色の絨毯《じゅうたん》のように染めるのに、いつかなくなってしまうのが不思議でした。そして、家のくみ取

り式のトイレに、バキュームカーが来て、ウンチなどを持っていってくれたときに、地球には象もキリンもパンダもいて、毎日ウンチをいっぱいして、くみ取りもしないのに、なぜ地球上ウンチだらけにならないのかが不思議でたまらなかったのです。

大きくなってアフリカに行ったときに、象の大きなウンチがウンチの形のまま土になっていて、そこから葉っぱが出て、草食動物のえさになっていたり、ウンチの形のままシロアリの塚になっていて、小さな肉食動物のえさになっているのを知りました。

そのときに、「そうだったのか」と思いました。葉っぱも花もそしてウンチもみんなミミズや菌によって分解されて土になって、森の動物の栄養のもとになっている……。どんなことも全部うまくいくようにできていて、私もその自然の中の一部だと思ったときに、私も必要だからあるのだと思えるようになったのでした。

それでも、私は、「だれもがそのままでいい」と思うときに、考えないようにしていることがあるのに気がついていました。

私はみんな得意なことがあったり、不得意なことがあって当たり前だと思っていました。それから姿かたちもいろいろで当たり前で、みんないろいろだからこそいいのだと思っていました。

でも、実は考えないようにしていることがあったのです。それは、心のことでした。

たとえば、いつも穏やかな人と、すぐにカッとして、人を殴ってしまうような人がいるとしたら、私は穏やかな人のほうがいいのだと思っていたと思います。仕事を一生懸命する人とそうでない人がいたら、一生懸命する人のほうがいいと思っていたのです。

ちかちゃんという女の子がいました。ちかちゃんは、ひと月の半分は、とても元気だけど、ひと月の半分は、元気がなくて、机に顔をふせて、涙をぼろぼろとこぼしてしまうこともありました。

そんなちかちゃんに、一馬くんが言いました。

「ちか、心は自分のものやけど、思いどおりにならんもんやな」

私はハッとしたのです。

生まれた場所も、環境も、それから姿かたちも、自分の思いどおりになるものではないけれど、心だってそうなのだと思いました。そして、ちょうどそのころ観た科学番組で、同じ内容のことを伝えていたのです。

犬は穏やかな犬種と、そうでない犬種がある。ラブラドールは穏やかだから盲導犬に適しているが、柴犬は忠誠心が厚く、主人以外の人にはなつきにくく攻撃的で、番犬に適している。そして、それは、遺伝子の違いによって放出されるホルモンなどにも違いがあるのだということを科学的に証明していたのでした。

そして最後に、人も同じように、遺伝子によって性格が違うからこそ、うまく社会が成り立っているのだという話でした。その話を聞いて、私はとてもショックでした。

私はこれまで、すぐにカッとなって人を叩いてしまうような子どもたちがいたら、その子を責めていたと思います。「どうして仲良くできないの？　仲良くしなくちゃだめ」と叱っていたはずです。

生まれた場所や、得意不得意や姿かたちと同じように、自分の力でどうしようもないことを、責められてしまったら、その人はきっと悲しむでしょう。そして、自分のことを好きと思えなくなってしまうのではないでしょうか。

そのことを思い出すと、私もまた、私自身のどうにもならない欠点を責められたような悲しい気持ちになりました。

それでも私は、目の前でもし子どもたちが誰かを叩いてしまうようなときには、「お友だちを叩いてはだめ、穏やかでいて」とお願いすると思うのです。子どもたちはみんな、とても優しいから、「かっこちゃんが、穏やかでいてと言ったから、カッとしないでいよう」と、そう思ってくれます。

最初から穏やかな子どもたちは、それほど努力しないでも簡単に穏やかでいられるけれど、カッとしてしまう子どもたちは「かっこちゃんが穏やかでいて優しくしていてと言ったから」そうしようと、ものすごく努力してくれていると思うのです。そうした子どもたちの姿を知ると、いとおしくてなりません。

そして、人は変わりたいという強い思いや、それを応援しようとする周りの優しい気持ちで、遺伝子がどうであっても変わっていける力を持っているとも思っています。

私は自分を含めて、やっぱりみんなありのままでいいのだと考えるようになりました。そしてだれもが、自分のことを大好きでいられたらいいなあと思うのです。

実業家が持っているもの
──第四の星は、実業家

次の星には実業家が住んでいました。実業家はとても忙しくて、王子さまがやってきても顔を上げる暇もなくて、ずっと計算をしていました。

「三たす二は五、五たす七は十二……忙しくてたばこの火をつけるひまもない。そうだ、五億百六十二万二千七百三十一になったぞ」

王子さまは「五億って何が？」と質問をしました。

「まだそこにいたのか？　そんなこと知っちゃいないよ。大事な仕事をしているんだからな」

けれど、王子さまは納得するまであきらめないのです。

「五億ってなんのこと？」

実業家は顔を上げて、「もう五十四年もこの星に住んで仕事をしているけれど、邪魔されたことは三度しかないよ。最初はコガネムシが飛んできて、ぶんぶんうるさくて、四度も計算を間違えて、二度目はリウマチになって、痛くて立っていられなかった。運動不足が原因さ、そこらを歩く暇もないからね。そして、三度目は今だよ。えっと五億……いくつって言ったかね？」

「だから、五億ってなに？」

実業家はどうやっても、王子さまが放っておいてくれないのを知って、「空に見える小さなものだ」と言いました。

「ハエ?」

「違う。キラキラした小さなもの」

……そんな問答を続けて、それが星だとわかるのでした。

でも、また新しい疑問が出てきました。

「数えてなんになるの?」

「持つのさ」

実業家はおかしなことを言うのです。

「星をたくさん持ってどうなるの?」

「金持ちになれる」

「どうしたら星を持てるの?」

「星を持つことを考えたやつがいないから、それを考えた俺が星を持てる」

王子さまはいったい実業家が何を言っているのかわからなくなりました。

「星を持ってどうなるの? ボクがえり巻きを持っていたら、それを首に巻けるし、花を持っていたら、それをつんで、どこにでも持って行ける。でも、星を持っていても、どこにも持って行けないよ」

「それはそうだが、銀行に預けられる。持っている星の数

を紙に書いて、銀行に預けて鍵をかけることができる」

王子さまはおもしろい考え方だなとちょっと思ったけど、でも自分が考えている大切なこととは違うなと思うのです。王子さまは言いました。

「ボクは一輪の花を持っていて毎日水をあげている。三つの火山を持っていて毎週掃除をする。あなたは星に何をしてあげられるの？」

大人っておかしなものだな、とまた思うのでした。

だけど、マサイ族の青年は「幸せだよ」と言いました

私はもう二十年近く前に、ケニアを旅したことがあります。そしてマサイ族の村を訪ねました。そのときマサイ族の青年は、羊や牛の他に自分の大切な持ち物はナイフ一本だと言いました。ナイフさえあれば、必要なものは全部作り出せるから、それだけで十分幸せだと言いました。

私は驚いて、「髪の毛を切るときはどうするの？」と聞きました。青年は目の前で、ナイフで髪の毛を上手にカットして見せてくれました。

今度は「爪が伸びたらどうするの？」と聞きました。青年はリンゴの皮をむくような手つきで、ナイフで爪をカットするところを見せてくれて、にっこり笑って、「ほら、ね」と言いました。

牛の糞でできた家はとてもあたたかで、そしてその中には、子ヤギの部屋がありました。火を焚くところもあって、ここちよいベッドも手作りされていました。青年は「奥さんもいて、可愛い子どもたちもいて、幸せだよ」と言いました。

私はそこで、幸せについていっぱい考えました。それから物を持つということについても考えました。

私はいろんなものをいっぱい持っています。はさみだけでも、紙を切るもの、布を切るもの、髪の毛を切るもの。包丁も、いろんな種類があります。それだけでなくて、私はしょっちゅうはさみをなくすから、百円のお店で買ったはさみがあちこちから出てきます。

家には物があふれていて、もう何年も着ていないし、これからも着ないと思う洋服や、使わないお皿や、お鍋もたくさんあります。

それは、もしかしたら星の数を数えて、それに満足している実業家の姿に似ているかもしれません。それどころか、星の数は生活のじゃまにはならないかもしれないけど、たくさんの物は私の生活の場所を狭くします。

本当に必要なものは、それほどないのかもしれません。愛して大切に使うものがいくつか、本当はそれだけでいいのかもしれないですね。

自分のことだけ考えている私
——第五の星の点灯士

次の星はとても小さくて、街灯が一つと、点灯士ひとりでいっぱいの星でした。

王子さまは、他に人もいないし、家もないこの星で、街灯を灯す仕事はどんな役に立つのだろうと、考えてもわからないのでした。それでも王子さまは考えました。

「この男の人のお仕事もおかしなものかもしれないけれど、王さまやうぬぼれ屋や、呑み助や実業家ほどは、おかしくないと思うな。

だって、この男の人は、星をひとつキラキラ輝かせている。そう思えば素敵な仕事だ。それは花をひとつぽっかりと輝かせるようなものだ。それはとてもきれいだから意味のある仕事だ」

王子さまは星に着くと、すぐにとても丁寧に挨拶をしました。

「こんにちは、今、どうして灯りを消したの？」

「や、こんばんは。命令だよ」

「どんな命令？」

「灯りを消すという命令さ」

王子さまはわからないなあと思って、何度も「わからないよ」と言いました。でも点灯士は「命令は命令だから」と言って、灯りをつけたり消したりを繰り返していました。

なぜって、その星はあまりに小さくて、すぐに昼になったり夜になったりするのです。

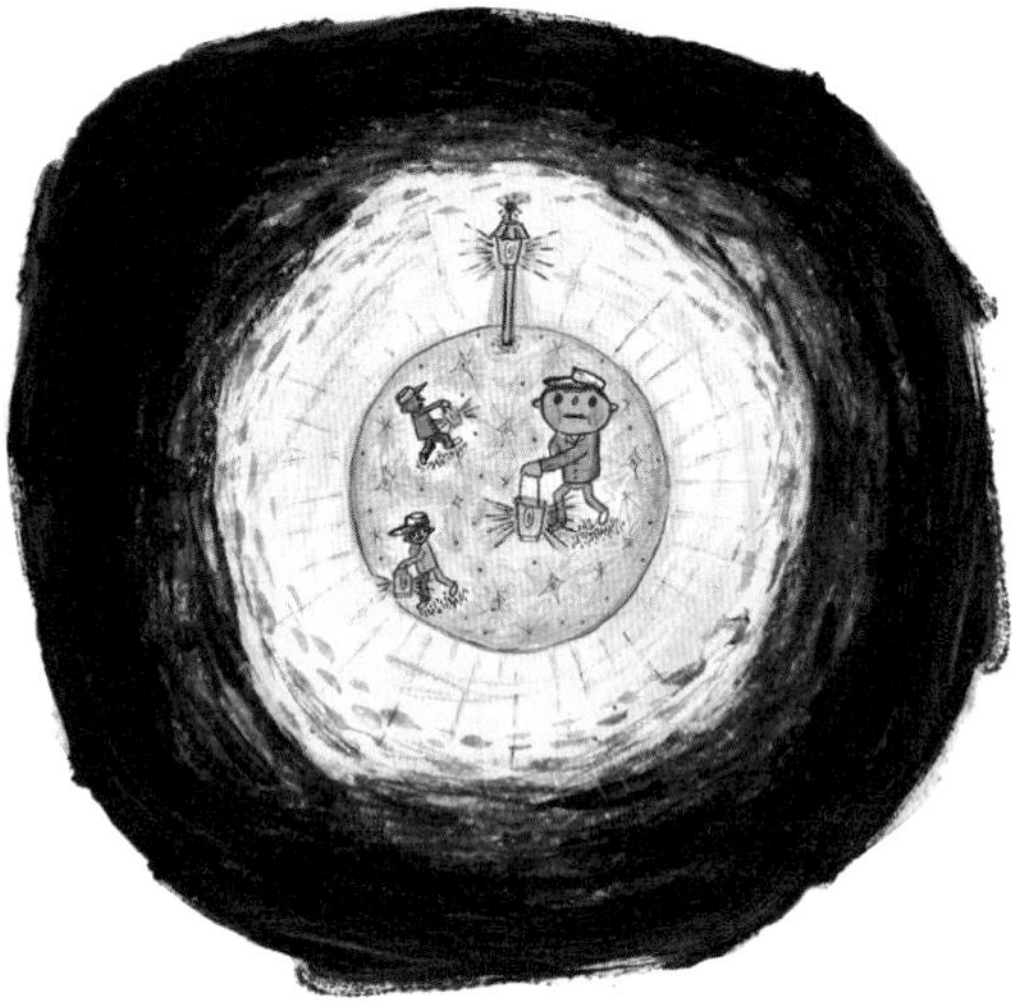

「やあ、おはよう。昔はそうでもなかったが、今は一年ごとに星の回るのが早くなる。でも命令は変わらない。今じゃ一分間に一回りだから、僕は一秒も休めなくなった」

「ヘンテコだなあ」

「ヘンテコじゃないさ。もう僕たちは三十分、つまりひと月も話をしているんだよ。やあ、こんばんは」

王子さまはじっと点灯士を見ました。そして、一生懸命、命令を守ろうとしている点灯士が好きになりました。そして王子さまは、腰掛けていた椅子を後ろに下げては夕陽を見ていた以前の自分のことを思い出しました。

「ボクね、あなたが休みたいときに、休む方法を知っているよ」

点灯士は「いつだって休みたいよ」と言いました。

「ゆっくりと歩き続ければいつだってお昼だよ」

でも、点灯士がしたいことは眠ることでした。歩き続けることは休むことにはなりませんでした。だから、それはあまり役には立たなかったのです。

そして点灯士はまた街灯の灯りを消しました。

王子さまは、思いました。

「点灯士は、王さまからも、うぬぼれ屋からも、呑み助からも、そして実業家からも笑われそうだけど、でもボクにとって、変だと思わなかったのは、点灯士だけだ。たぶんそれは、あの人が自分のことではなくて、他の人のことを考えている人だからだろう」

王子さまはため息をつきながら、あの人とだけ友だちになればよかったなと思いました。でも、あの人の星は小さすぎて、ボクのいる場所はなかったもの、と思ったのでした。

そして、王子さまは点灯士の仕事がどんなに大変かわかっていたので、なかなか点灯士には言い出せなかったけど、二十四時間ごとに、夕日のあと千四百四十回も星をきれいに輝かせている点灯士の仕事は、とても素敵だなと思っていたのでした。

誠実に、一生懸命に、の積み重ね

この章の最後の部分が、私は小さいときからよくわかりませんでした。内藤さんの訳では、「王子さまが胸のうちにあることを、そのままいう気になれなかったのは、二十四時間ごとに、千四百四十度も、夕日で美しく照らされたその星を、とりわけなつかしく思っているからでした」となっていました。「胸のうちにあること」って何だろう。王子さまは、何を思っていたのだろうと知りたくてずっと考えていたのでした。

そして、今、繰り返し『星の王子さま』を読んだり、子どもたちのことを思っていて、はっとしたのです。王子さまは、点灯士が、どんなに大変かわかっているから、なかなか言えなかったけど、「きみの仕事は、すごく他の人の役に立っているよ」と言いたかったのだとわかった‼ と思いました。王子さまと内藤さんが言いたかったことは、そこだったのですね。そして、それは私にとって、なんだか涙がこぼれるほどうれしいことでした。

今は畑仕事や土仕事がとても好きだけれど、でもずっと、草取りをするのがつらいなあと思っていた時期がありました。学校の子どもたちと草取りをしていたその敷地は、とても広くて、毎日少しずつ草を取っていても、終わりかけるころには、始めに取ったところがまた伸びていて、キリがないように思うのでした。

学校で出会ったりょうくんも同じように思ったのかもしれません。「取っても取ってもまた生えてくる。こんなことして、何になるんやろう？」と畑の先生に聞きました。

畑の先生はにっこり笑って、「みんなが気持ちよくなるよ」と答えると、りょうくんもにっこり笑って「わかったよ」と言いました。

「みんなのためになることは、しなくてはなりません」

あまりにきっぱりと潔くりょうくんが言ったので、まだまだ潔くはない私はまたため息をつきました。でも、そのときに、大ちゃんが作ってくれた詩を思い出したのです。

こんなにたくさんの仕事は　絶対にできないと思うから
今していることだけ終わらすんや　次してることも終わって
そうしてそうして　くらしていると　大きな仕事も終わっているんや……
僕が今ここにいることは　僕の足あとの　つみかさねやと思う

子どもたちといると、いつも私がどれだけ自分のことばかり考えているかを思わされます。学校では作業時間に、卒業をしてから役立つようにと、箱折りや木工細工をみがくなど、いろいろな仕事をしています。仕事は単調なものが多いけれど、その仕事を終わらすためには目の前のことを一生懸命することが大切なんだと、子どもたちは教えてくれます。そしてその仕事は、だれかのためにすごく役立っている仕事なのです。

考えれば、生きていくこともそうかもしれません。ただ毎日、毎時間、一生懸命生きていくこと。目の前の人と出会って、誠実に、一生懸命生きていくことができたら、それはきっとだれかのために役立っていて、ああ、今日もいい日だったな、明日もきっといい日だなと、うれしい人生が送れるのだと思います。

変わらないものって、いったい何でしょう?

――第六の大きな星の地理学者

六番目の星はとても大きい星でした。そして、その星に住んでいる年寄りの先生は、大きな本を何冊も書いていました。王子さまを見るなり「探検家がやってきたな」と言いました。

「あんたはどこから来たんだい?」

王子さまはそれには答えずに、「その大きな本は何? ここで何をしているの?」と聞きました。

「わしは地理学者だ」

「地理学者って何?」

「海や川や、町や山や砂漠が、どこにあるのかを知っている学者のことだ」

王子さまはすごく感心して「すごいなあ、そんなのが本当の仕事だと思うよ」と言いました。そして、王子さまはこの星がとても堂々としていて素敵だということに気がつきました。

「あなたの星、とてもきれいだね。この星には海がある?」

ところが、地理学者は「知らんよ」と言いました。

「山は?」と尋ねても「知らんよ」と言うので、王子さまはがっかりして、「だって、あなたは地理学者なのにどうして知らないの?」と聞きました。

「わしは探検家じゃないからな。そこらをぶらついてなんかいられないのさ。探検家が来たら、いろいろな報告を受けて、その話がおもしろいと思ったら書き取るのさ。そして、その探検家がしっかりとした人間かどうかも調べさせるのさ」

「どうして？」と王子さまが聞くと、地理学者は「探検家が嘘をついたらその本がいいかげんな本になってしまう。探検家がやたらと酒呑みだったとしたら、山が一つしかないのに、二つ見えてしまうだろうからね」と答えました。

王子さまは呑み助のことをちらっと思い出して、「悪い探検家になりそうな人を知っているよ」と言うのでした。

そして地理学者は王子さまに尋ねました。

「だが、君は遠いところからやってきた立派な探検家だ。君の星の話をしてもらえないか？」

地理学者はノートを開いて、鉛筆を削りました。地理学者は最初、鉛筆で書いて、探検家がいろいろな証拠を持ち出してくれたときに初めてインクで書くのです。

「それでどんな星だね」と、地理学者は待ち遠しそうでした。

「ボクのうちは、たいしておもしろいものはないよ。小さな小さな星なんだ。活火山が二つと休火山が一つ。そして花が一つ咲いているよ」

地理学者は「花のことは書かんよ」と言いました。

「どうして？　とてもきれいなのに」

「花は、はかないからな」

「はかないって何？」

「地理学は、一番大事なことだけを書くのだ。山は場所を変えないし、海もなくならない。わしらは、

いつまでも変わらないことを書くんだよ」

「だって休火山だって、眠りから覚めるかもしれない。はかないって何？」

地理学者は「そのうち消えてなくなるということさ」と言いました。

その言葉は王子さまをひどく悲しい気持ちにさせました。

「ボクの花は、はかない花だったのか？　消えてなくなるの？　自分を守るのに、たった四つのトゲしか持っていない。それなのに、ボクときたら、あの花をあの星にひとりぼっちにさせてきてしまったんだ」

王子さまはそのとき初めて、あの花がなつかしくなりました。少しさびしい気持ちだったけれど、元気を出して地理学者に聞きました。

「ボク、今度はどの星に行ったらいいでしょう？」

「地球の見物をしなさい。評判のいい星だから」

王子さまはそれを聞いて、遠くに残してきた花のことを思いながら、地球に向かいました。

詩「お父さんお母さんには、死んでほしくありません」

王子さまの花が「はかない」と聞いて、王子さまが悲しくなった気持ちを私もよくわかります。

私の父はある年の二月二十日に、突然、間質性肺炎になって亡くなりました。病院に入って、一日も経たないくらい突然の出来事でした。

そのひと月前の一月二十六日の父の誕生日に、私は詩を贈りました。

「お父さんお母さんには、死んでほしくありません」

そういう題名の詩でした。

お父さんお母さんには、死んでほしくありません
息をしているものは、いつか死んでしまうんだと
何かのきっかけで、知ったとき

その中に、お父さんとお母さん
ふたりが入っていると気がついて
「死なんといて」と声をあげて泣きました

お父さん、あなたは大きな手で
私の顔をのぞき込んで

「しょうがないんだよ」と
何度も頭をなでてくれたけど
「いやや、いやや。死なんといて」
私はやっぱり泣けました

お菓子がほしい、おもちゃがほしい……
そんなたわいもないことで泣いていた
昨日の子供のままの自分だったら
どんなによかっただろうと
あともどりのできないことにも、私は、ひどく泣けました
あなたを失うことへの悲しみは今も変わることはありません
お父さんお母さんには、死なないように願います

大人になって、心の中に大切な人が増えたとき
それと同時に、死んでほしくない人がどんどん増えていきました
お父さん、お母さん、私の大切な人に
お願いいたします

くれぐれも死なないように願います
いちじくも、凛も、四つ葉も
くれぐれも死なないように願います
お父さん、お母さん、死なないように願います
そして大切なあなたにはけっして死なないように願います

いちじくと凛と四つ葉は愛犬です。

好きな人は決して目の前からいなくなってほしくない。それが絶対に無理とわかっていても、そして私のわがままだと知っていても、それでも、はかないのは嫌なのです。いつか死んでしまうなんて嫌なのです。

それでも、父はあっという間に逝ってしまいました。

けれども亡くなって思うのは、父はあいかわらずそばにいて、いつも見守ってくれているということです。父は私の前で風を起こして、落ち葉に不思議なダンスをさせて私を笑わせたり、蝶になって飛んで来てそばのベンチに座ったりします。

確かにずっとそこにあるもの。そしていつか亡くなってしまうもの。きっと本当は同じように、大切で変わらないものなのかもしれません。

フランス語の辞書を片手に
——王子さま、七番目に地球に降り立つ

そういうわけで七番目は地球でした。地球はそんじょそこらにある星とは違います。

王さまは百十一人もいて、七千人の地理学者と、九十万人の実業家と、七百五十万人の呑み助と三億一千百万人のうぬぼれ屋と、つまり二十億人もの大人が住んでいるのです。

そして電気が発明される前には、ランプを灯す点灯士が四十六万二千五百十一人もいたというのですから、地球の広さがわかります。点灯士の仕事はじつに素晴らしくて、オペラのバレエを踊る人たちのように規則正しく、灯りをつけたり消したりしていくのでした。ただ、北極と南極には灯りが一つずつしかなくて、一年に二度、仕事するだけなのでした。

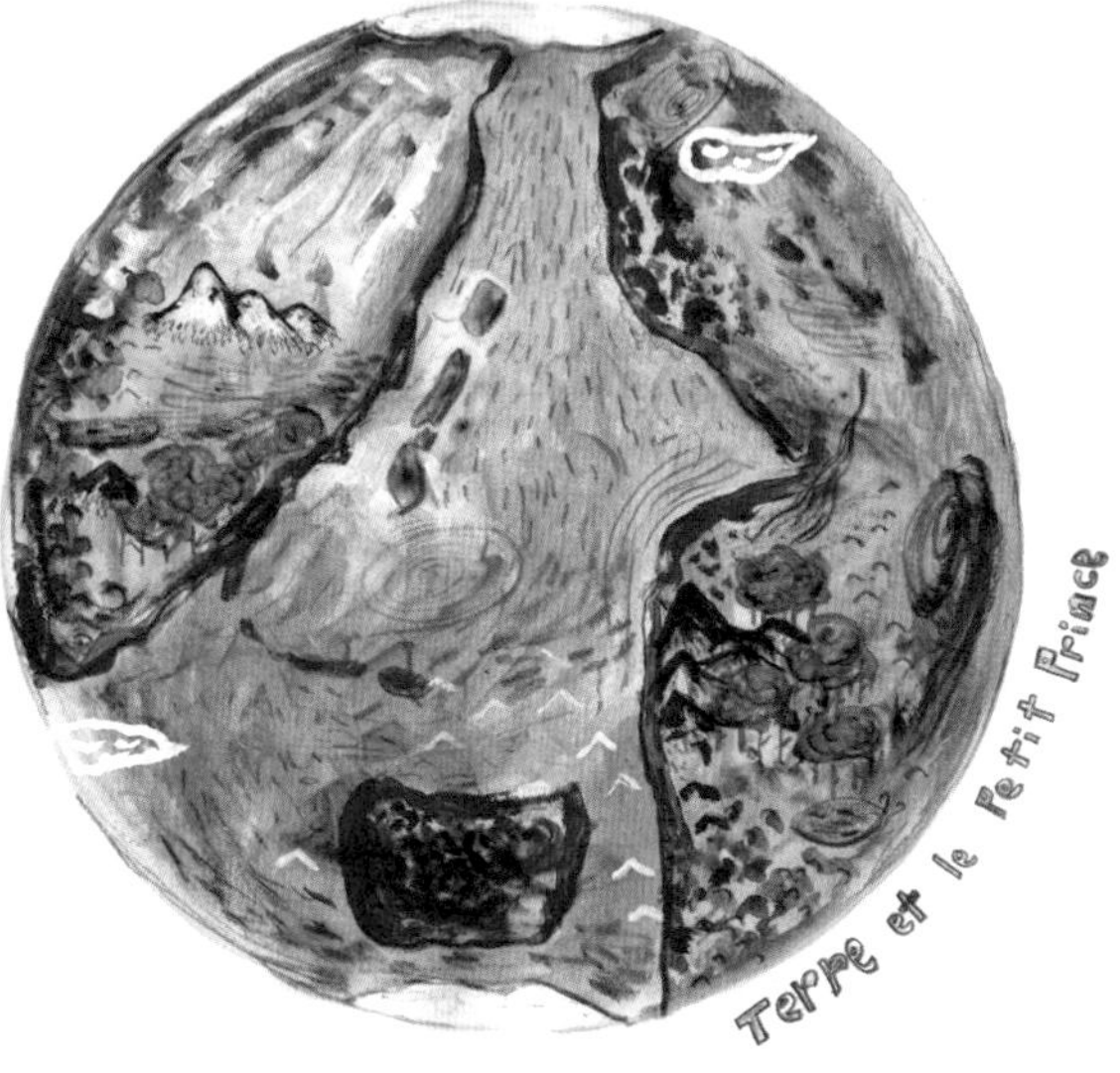

訳していたら見えてきた楽しいこと

そろそろ『星の王子さま』のお話は、一言一言がとても大切なところに入ってきました。いえ、今までだってそうだけど、これからは、いっそうそうなのです。

『星の王子さま』は、世界中で愛されている本です。私は日本語訳を読んで、他の言語ではどう訳されているのだろうと思い、本屋さんに行きました。英語訳だけでもたくさんあって、飛行士が少年のときに、うわばみの絵を大人に見せて「これ、怖い?」と聞いているページには、「afraid」いう単語が使われていました。もう一冊には「scare」で、別の一冊は「frighten」でした。私は三つのニュアンスがずいぶん違うなあと思いました。訳している人が違うのだから、それは当たり前のことですね。でも、読んだ人の印象もそれではずいぶん違ったものになってしまいます。それで、フランス語の『星の王子さま』を見たいなあと思いました。そして、目の前にそれを置いたとき、これがサンテグジュペリが書いたままの文章なのだと思うと、なんだか震えるようにうれしかったのです。

私のようにフランス語のできない者が、原書とフランス語の辞書をそばに置いてお話を書くなんて、こんな大それたことができるのは、それでもやはり私の中に内藤濯《あろう》さんが訳された『星の王子さま』を、心にも身体にもしみこむほど覚えていたからこそなのでした。

けれど訳してみるまではわかっていなかったことが、実はたくさんあることに気がついて、時間はかかったけれどとても楽しい作業でした。ここからは、いっそう大それたことだけど、この物語を、ひとつひとつの言葉を、丁寧に見つめながら進めていこうと思います。

どんなときも深いところでつながっている

── 出会った蛇とのおはなし

地球には人がたくさんいると聞いたら、どこに行っても人だらけと思うかもしれません。でもそうではありません。もし、人を全部集めてぎゅうぎゅう詰めにして、高く積んでいけば、地球上の人を全部、太平洋のどんな島にでも入れられるでしょう。

でも、それを聞いた大人は、「まさか」と思うでしょう。人はバオバブと同じくらい、自分たちやこの地球をすごいものだと思っているからです。だからそれが本当かどうかを試すには計算をしたらいいでしょう。大人は計算が好きだから。でも、この本を読んでくれているみんなは、そんな計算なんて無駄なので、する必要はないのです。

ところで、王子さまは地球に足を踏み入れて驚きました。人がだれもいなかったからです。星を間違えたのだろうか？　と心配になりました。

砂の中に、金色の輪っかが動いているのが見えました。

「こんばんは」王子さまは念のためにあいさつしてみました。

「こんばんは」と輪っかが返事をしました。それは金色の蛇でした。

「ボクはなんという星に落ちてきたの」

「地球のアフリカというところ」

「そうか、地球にはだれもいないんだね」

「ここは砂漠だからね。砂漠にはだれもいなんだよ。地球はとっても広いんだよ」

王子さまは石に腰をかけて、夜空を見上げました。

「一人ひとりがふるさとの星に帰りたいと思ったとき、自分の星をすぐに見つけられるように、星はあんなにきれいに光っているんだね。ほら頭の上の星。あれがボクの星だよ。だけど、なんて遠いんだろう」

蛇も見上げて言いました。

「美しい星だね。だけどどうしてこんな遠くまで来たの？」

「ボクね、ある花とちょっとケンカしちゃったんだ」

「ふーん」

「人はどこにいるの？　砂漠ってなんだかさびしいね」

蛇は王子さまに答えました。

「人間たちのところにいてもさびしいさ」

王子さまは長い時間、蛇を見つめていましたが、やがて言いました。

「君は奇妙な動物だね。指のように細くて……」

「でも、俺は王さまの指よりもずっと強いさ」

王子さまはにっこり笑って首を振りました。

「君はそんなには強いはずがないよ。足も持っていないし、それじゃあどこへ旅することもできないじゃないか」

「あんたを遠くに連れて行くなんてことは、船よりも、上手にできるよ」

蛇は王子さまの足にぐるぐると巻きつきました。

「俺がちょっと咬《か》むだけで、だれだって、もといた地面に戻すことができるさ。でも、あんたはとても無邪気で、俺に何もしないだろうし、遠い星からやってきたばかりだからね」

王子さまが答えないので、蛇が続けました。

「あんたみたいな弱い人が、こんなに固い岩でできている地球なんかに来て可哀想だな。でももし、あんたがあの星がなつかしくなって帰りたくなったら、俺がきっと助けてやるよ」

「うん、わかった」と王子さまは言いました。

そして「どうしてそんなに不思議な謎のようなことばかり言うんだい？」と聞きました。

蛇は「どんなことも俺は全部わかっているのさ」と言いました。

そして二人は黙りこんだのでした。

みんなそばにいるよ

王子さまが「砂漠ってなんだかさびしいね」と言うと蛇は「人間たちのところにいてもさびしいさ」と答えました。

高校一年生から、特別支援学校に来た良ちゃんは、口数がとても少なくて、でもときどき、とても心に残ることを言いました。

とてもいいお天気の日でした。校庭にたった二人でいたのは、いったい何の時間だったのでしょう。良ちゃんが突然、「かっこちゃん、さびしいの？」と聞きました。私は驚いて、「ううん、良ちゃんもいるし、みんなもいてくれるからちっともさびしくないよ」と言いました。

でも良ちゃんは私の目の奥をじっと見るようにして「かっこちゃん、さびしいんだね」と言いました。そして、「僕、ずっといるよ」と言いました。私は少しもさびしくなかったはずなのに、良ちゃんの言葉に、知らない間に涙がぼろぼろこぼれました。

またあるとき、私は何かいさかいごとがあって、どうしてわかってもらえないのだろうと、一人そっと、悲しんでいました。

すると、良ちゃんは、その日も私の目の奥をじっと見て、「空気だの水だの人だの、地球は必要なものだけ、地面にいられるようにひっぱっているんだ」と言いました。

「お月さまもひとり。でも、みんながお月さまのそばにいるよ」

良ちゃんも蛇のように謎めいたことを言う男の子でした。人はいつだって、大勢の中にいたって、たったひとりだけど、でも、本当は深いところでつながって、一緒にいるよと教えてくれたのかもしれません。

私も自由な心でありたいな

――花びらが三つの小さな花

王子さまは砂漠を横切りました。そこで、小さな、なんでもない、花びらも三つしかない花に出会いました。

「こんにちは」と王子さまが声をかけると、花は「こんにちは」と返事をしてくれました。

王子さまはとてもていねいに花に質問をしました。

「人間たちはどこにいるの？」

花は以前、キャラバンが通っていくのを見かけたことがあったので、「人間は、六、七人はいると思います。でもどこにいるかわからないわ。根っこがないから、不自由だと思うわ。風に吹かれて歩き回るの。」と返事をしました。

「さようなら」と王子さまが言うと

花もまた「さようなら」と言いました。

宇宙も世界も旅する、なおちゃん

花もまた、とても不思議なことを言います。

「人間は根っこがないから不自由だと思うわ」

私は根っこがある花は不自由で、歩き回れる人間が自由だと思っていました。でも、花はそうではないと言うのです。

車椅子に乗っていたなおちゃんは、私によく、世界のことや宇宙の話をしてくれました。なおちゃんの心はすぐにアフリカにもヨーロッパにも、そして、南極にだって、飛んでいくのです。

「ケニアで、一番強い動物知ってる？　僕はね、たぶんだけどヒョウだと思うよ。だって、かっこいいからね」

「南極にはね、可愛いペンギンがいるんだよ。雄が卵をあたためて、雌はお魚を捕りに行くんだ」

生き生きしたなおちゃんのお話に、私はいつも引き込まれて、知らない間に、私もなおちゃんと一緒に、世界中を旅しているのでした。

なおちゃんは車椅子に乗っていて、手も足もあまり動かなかったけど、心はとても自由でした。根っこがあるから不自由だとか、車椅子に乗っているから不自由だととか、そんなことを決めつけているのは、やっぱり私の心が自由でないからかもしれません。

たった一人あなたがいないというだけで

―高い山にのぼった王子さま

王子さまは高い山にのぼりました。王子さまがこれまで知っている山といったら、膝丈ほどの山が三つで、休火山は腰掛けに使っていました。

こんな高い山のてっぺんなら、星全体と住んでいる人もみんな見わたせるに違いないと思ったからでした。けれど、山のてっぺんから見えたのは、まるでとがった刃が連なっているような山々だけでした。

王子さまがあてもなく「こんにちはー」と言うと、「こんにちは、こんにちは、こんにちは……」とこだまが答えました。

「誰？」と王子さまが聞くと、「誰？　誰？　誰？……」とこだまが答えました。「ひとりぼっちでさびしいんだ」と言うと、「さびしいんだ、さびしいんだ、さびしいんだ」と返ってきました。

王子さまは思いました。「なんてへんてこな星だろう。とがっている山ばかりで、つまらない。人間もオウム返しに答えるばかり。人の言うことを聞いていないいんだろうか？　ボクの星には、ボクがしゃべりかけなくても話し始める花がいたけどなあ」

たった一人あなたがいないというだけで

王子さまが高い山に登って、そしてこだまに「ひとりぼっちでさびしいんだ」と言います。

王子さまは、小さな星にたった一人で、ずっと生きてきたのに、どうして「ひとりぼっちでさびしい」と思ったのでしょうか。それは花に会ったからではないかなあと思っています。花と出会って、花と時間をすごして、今、花と一緒にいられなくなったとき、王子さまはきっとさびしくて仕方がなくなったのじゃないかと思います。そして、山に登っていても、どこにいても、心の中の大切な存在が顔を出すのですね。

人の心は不思議です。大勢の中で、少しもさびしくないはずなのに、たった一人あなたがいないというだけで、私はさびしい気持ちになるのです。

会いたいという気持ちも、さびしいという気持ちも、「本当はあなたのことが大好き」という気持ちなのかもしれません。

遠く離れていても思うこと

――地球のバラたちと出会って

王子さまが砂や岩や雪を通り越してずっと歩いていると、やがて、一本の道が見えてきました。道というのは、必ず人のいるところにつながっているものですね。

そしてバラの咲きそろっている庭がありました。「こんにちは」と王子さまが声をかけると、バラたちが「こんにちは」と言いました。

王子さまはバラの花をじっと見ました。どの花もみんな、遠いふるさとの星に残してきたあの花にそっくりでした。王子さまは驚きました。

「いったい君たちはだあれ?」

「私たちはバラです」

王子さまは「ああ、そうだったのか……」と思って、とても悲しくなりました。王子さまが遠くに残してきた花は、「自分は世界のどこにもない花よ」と言いました。でも、たった一つのこの庭にさえ、そっくりおなじ花が五千ほども咲いているのです。王子さまは考えました。

「もしあの花がこの風景を見たら、きっとすごく困るだろう。咳払いをしたり、笑われないようにと、もしかしたら死んだふりをするかもしれない。そうしたら、ボクはあの花を、なんとか世話をしなくちゃならない。そうでないと、あの花はボクを悲しませたくて、本当に死んでしまうだろう……」

それから王子さまは、また考えました。
「ボクは、このボクは、世界にたった一つしかない珍しい素晴らしい花を持っていると思っていた。でも、どうだ、ただの当たり前のバラの花を、たった一輪持っていただけだった。そして、持っている火山も膝の丈しかなくて、一つはずっと火を噴かないかもしれないんだ。
ボクはあの花とあの火山を自慢に思っていたけど、そしてそれを持ってる自分を立派だと思っていたけど、ボクはとても立派な王さまにはなれないよ」
王子さまは草原に顔をつっぷして泣きました。

モロッコの旅、遠く離れていても思うこと

私はもう何年も前に、モロッコを旅しました。

そのころ、私はひどくつらい中にいました。私の友人の一人が病の床にあったからです。

私は長い間、特別支援学校に勤めていました。そして、その間に、いくつもの大切なことを子どもたちに教わりました。

そのひとつは、どんなに重い障がいの人も、みんな深い思いを持っているということでした。もし、手も足も動かせなくて、まぶたも動かせなくて、ベッドに眠り続けているように見える人も、だれもがみんな深い思いを持っていて、それを伝えることが今はできないだけなんだと、子どもたちが教えてくれました。

もうひとつ。それは、私が手も足も動かせない子どもたちといて、子どもたちが可愛くてならなくて、毎日体を起こして、足を床につけて、揺らしたり、立たせたり、抱きしめたり、大好きだと言ううちに、子どもたちはみんな、少なからず変化を見せてくれたのです。表情が出てきたり、動かせなかった指が動いたり、頭が動いたり、思いが伝えられるようになってきました。

私が子どもたちに習ったのは、重い脳の障がいも回復する方法があるんだということでした。意識障がいになっている人も、きっと回復できるのだということでした。

けれど、三十年も前には、そのことは、一般の常識とはあまりに違っていて、大学を卒業したばかりの私が、そんなことをだれに何度言っても信じてもらえるはずはなかったのです。それはだれかが悪いというわけではなく、そういう常識が大きく立ちはだかっていたのでした。

ところがそれから二十年も、もっと経ったある年の二月の終わりに、同僚でもある友人が脳幹出血で倒れました。子どもたちから「宮ぷー」と呼ばれている国語の先生でした。

宮ぷーは広範囲の脳幹出血で、生きることすら難しいと思われ、「もし助かっても、一生植物状態で四肢麻痺《ししまひ》です」という宣告を受けました。ところが、その友人を看護する家族はいませんでした。ただ一人の妹さんも、赤ちゃんを産んだばかりのできごとでした。私は妹さんから電話をもらったときに「毎日学校が終わったら、病院に行くよ」と約束をしました。

瞳孔も開きっぱなしで、口から舌が出ていて、息ができないので呼吸器をつけている状態でした。でも私は、この状態でも全部聞こえていて、わかっているということを子どもたちから教わって知っていたのでした。

そして、必ず回復すると信じて、毎日学校が終わってから、揺らしたり、歌ったり、身体を起こしたり、手や足を伸ばしたりと、ありとあらゆることを続けてきました。宮ぷーはようやく目を開けてくれたけれど、でも、どこも動かせず、こちらからの質問に答えてくれることはありませんでした。

冬の終わりに発病して、夏になったころ、宮ぷーの目が少しずつ動き出しました。そして、目をときどき、ぎゅっとつぶってくれて、私はそれを返事と考えていたけれど、多くの人はそれを返事とは思わないような、そんなころでした。

私は毎日毎日宮ぷーのところに行っていたのに、夏休み、初めて宮ぷーのところに行かないで、モロッコへ十日間旅をしたのです。毎年、恒例で行なわれている私たちの旅、その年の行き先がモロッコでした。

モロッコはアフリカにあり、サハラ砂漠という大きな砂漠があります。『星の王子さま』の作品が生まれたフランスからはたくさんの人が訪れている国でした。きっと『王子さま』の舞台は、ここモロッコだろうと私は思っていたのです。

モロッコには有名なバラ園がいっぱいあって、バラの香水がたくさん売られていました。

香水屋さんの周りにもたくさんのバラが咲いていました。目の前のバラはとても美しかったけど、王子さまの気持ちを思って、私も少し悲しくなりました。王子さまは、旅をしながら心の中でずっと花のことを考えていました。

花が、自分はどこにもないたった一つの素晴らしい花だと言っていたのに、こんなにたくさん咲くバラのたった一つにすぎないと言ったら、どんなに悲しむだろうと考えて胸を痛くしたんだと思いました。

王子さまが星に残してきた花のことを考えながら旅を続けていたように、私は毎日病室に行って、声をかけ続けていた宮ぷーから遠く離れたモロッコを旅しながら、王子さまのことを考え、でもやっぱりずっと宮ぷーのことを考えていたのでした。

大切なことは目には見えない

──キツネと王子さま

草の上で王子さまが泣いていると、キツネが来て「こんにちは」と言いました。

「こんにちは」とていねいにあいさつをして、振り返ったけれど、どこにも声の主が見えません。

「ここだよ。リンゴの木の下」と声が言いました。

「君は誰？　とってもきれいだな」王子さまが言いました。

「俺はキツネだよ」とキツネがこたえると、王子さまは、「ボクと遊ばない？　ボク、今すごく悲しいんだ」と言いました。

でもキツネは言うのです。

「俺は君とは遊べないよ。だって俺たち、まだ〝特別な関係〟じゃないからね」

「そうか、残念。失礼なことを言ったね」

王子さまは返事をして、しばらく黙っていたけれど、それからまたキツネに聞きました。

「特別な関係ってなんだい？」

「君はこの辺の人じゃないね。何を探しているんだい？」

「ボクは人間を探しているんだ。〝特別な関係〟ってなんのことだい？」

「人間を探してるって？　人間は鉄砲を持っている。それで俺たちを撃つんだから、俺たちは何もできやしないさ。そして鶏を飼ってる。君、鶏を探しているの？」

「違う。友だちを探しているんだ。ねえ〝特別な関係〟ってなんのこと？」

「それはね、あまり大事に考えられていないことだけどね。仲良くなっていくということさ」

「仲良くなっていく？」

「そうだよ。俺からすれば、君はまだ、ほかの何十万もの男の子と別に変わりがない男の子だ。だから、君がいなくても、俺はそんなこと平気さ。そして、君にだって同じことだろう。俺がいなくても平気。俺はほかの何十万匹のキツネと変わらないもの。

でも、君と俺が〝特別な関係〟になったら、俺たちはもう離れてなんていられなくなるのさ。君は俺にとって、この世でたったひとつの宝物になるし、俺は君にとって、同じようにたったひとつの宝物になるんだよ」とキツネが言いました。

「なんだかちょっとわかった気がする」と王子さまが言いました。「花が一つ咲いていたんだ。その花はね、ボクと仲良くなりたかったみたいなんだ」

「そうかもしれない。地球にはいろんなことがあるか

らね」とキツネが言いました。

「地球の話じゃないんだ」と王子さまが言うと、キツネは王子さまの話がとても興味深いようでした。

「他の星の話だというのかい？」

「そうだよ」

「その星には鉄砲打ちがいるかい？」

「いやしないよ」

「おー、そうかい、そうかい。じゃあ、鶏はいるかい？」

「それもいないよ」

「思うようにはいかないもんだな」

キツネはため息をついて、話を元に戻しました。

「俺は毎日同じことをしているよ。俺が鶏を追いかけると、鉄砲打ちは俺を追いかける。鶏も人間もみんな似たり寄ったりで、俺は退屈なんだ。

けれど、もし、君が仲良くなってくれたら、俺はきっと太陽の光を浴びているようにうれしい気持ちがするだろうな。足音だって、これまで聞いてきたものと違うものが聞けるのさ。いつもは違う足音がすれば、俺は穴底深く隠れるだろう。でも君の足音がしたら、俺はまるでいい音楽が聞こえたみたいに穴の外に這《は》い出すだろう。

ほら、あそこに麦畑がある。俺はパンなんか食べないから、麦畑にはまったく興味がないんだ。そしてときどき麦畑を見ると気がふさぐ。

でも、君の金色の髪といったら、まるであの麦畑のようじゃないか。君が俺と仲良くしてくれたら、俺にとってあの麦畑は素晴らしい景色に変わるというわけだよ。金色の麦畑を見るたびに、俺はうれしくなるだろうし、麦畑に吹く風もまたうれしい気持ちにさせるだろうな」

キツネは長いこと王子さまの顔を見つめていました。そしてぽつりと「俺たち仲良くなれるかな？」と聞きました。

「ボク、本当はすごく仲良くなりたいんだ。でも、ボクは時間がないんだ。友だちも探さなくちゃならないし、大切な知らなくちゃならないことが、いっぱいあるんだ」

「大切なことなんて、本当はもうすでに自分の中にあるのさ。人間なんて本当は何もわかっちゃいないよ。人間は何でも店で買ってくる。でも友だちは売ってやしないからね。人間はもう友だちなんて持てないのさ。友だちがほしければ俺を友だちにするといいよ」

「でも、どうしたら君と友だちになれるの？」王子さまが聞きました。

「それには、少し時間がかかるんだ。最初は離れたところで、俺のことを横目でもチラチラ見ていて、だんだん少しずつ近づいてくるんだ。一日一日少しずつ経っていくうちに、すぐ近くに座れるようになるんだ」

次の日も王子さまがやって来ると、キツネが言いました。

「同じ時間に来るほうがいいんだ。君が四時にいつもやってくるとなったら、俺は三時ごろからそわそわしだす。そして、四時になったらもう俺は有頂天になって、幸せをかみしめる。

でも君がいつでも、突然現れたら、待っているうれしさを感じることもできなくなるからね。なんでも約束事が大切なんだ」

「約束事って何？」と王子さまが聞きました。

「それがまたいいかげんにされてるんだ。約束事があるからこそ、一日が他の一日と違う日になるのさ。

たとえば、鉄砲打ちは木曜日には村の娘とダンスに行くんだ。だから、俺はその日はブドウ畑にだって行けるってわけさ。もし、木曜日にダンスに行く約束がなかったら、俺はいつ鉄砲打ちが来るかわからないから、休みなんてなくなるのさ」

王子さまとキツネは、そうやって仲良くなっていきました。


でもついに王子さまと別れる日になりました。

「ああ、俺は、俺はきっと泣いちゃう」

「でもそれは君のせいだよ。君が仲良くなりたがったんだ」

「そりゃあそうだ」

「でも、君、泣いちゃうんだろう」

王子さまが聞くとキツネは「泣いちゃうね」と言いました。

「そうしたら、友だちになっても、何もいいことがないじゃないか」

王子さまがこう尋ねると、キツネが不思議なことを言いました。

「いや、ある。あの麦畑の金色があるよ。あの麦畑を見るたび、君を思い出してうれしい気持ちになるだろう。

ねえ、君。それからね。もう一度バラの庭に行ってごらん。君の花が他のバラとはまったく違う特別なものだとわかるよ。そしてね、さよならを言いに、もう一度俺に会いに来てくれないか？　そうしたら、俺は君に、秘密をひとつ贈り物にするよ」

王子さまはもう一度、あのバラの庭に行きました。そしてこう言いました。

「君たちはボクの花とはまるっきり違うよ。君たちはただ咲いているだけじゃないか？　だれも君たちとは仲良しにならなかった。

最初にキツネに会ったときのキツネと同じだよ。はじめはほかの何十万匹のキツネと同じだった。でも、あのキツネは今はボクの友だちになっているんだからね。この世でたった一つのかけがえのないものなんだ」

そう言われて、バラたちは気分を悪くしたようでした。

「君たちはとてもきれいだよ。でも、ただ咲いているだけさ。だからボク、君たちのために命を落とす気にはならない。

ボクの花だって、通りすがりの人たちにとったら、ただのおなじ花かもしれないけど、あの一輪の花はボクにとって、とても大切なんだ。だってボクが水をかけてあげた花なんだからね。そして、覆いガラスをかけて、風が当たらないようにしてあげた。そして二つ三つは蝶になるために残しておいたけど、それ以外の虫は退治してあげた花なんだよ。

不平も自慢話も聞いてやった、ただ一つの花なんだ。そして黙っていれば黙っていたで、どうしたんだろうと心配をした花なんだからね」

王子さまはキツネのところに戻ってきました。

そして、「さようなら」と言いました。

「さようなら。さっきの『秘密』を言うよ。いいかい、心の目で見なくては本当のことは見えないのさ。大切なことは目には見えないんだよ」

キツネが言うと、王子さまは「大切なことは目には見えない」と繰り返して言いました。

「君があの花を大切に思っているのは、あの花のために自分の時間を使って、面倒をみたからだよ。人間はその大切なことを忘れているのさ。

だけど、君はこのことは決して忘れちゃいけない。面倒を見た相手には、いつまでも、責任があるんだよ。それが守らなくちゃならない約束だよ」

「ボクはあの花に責任がある」王子さまは忘れないように繰り返し言いました。

ちいちゃんが待っていてくれた！

今は『星の王子さま』の日本語の翻訳がたくさん出ていますが、私が慣れ親しんだのは内藤濯《あろう》さんの訳でした。この節で、王子さまがキツネに「友だちになろう」と言うと、それはできない、「飼い馴らされていないからね」と言う場面があります。私は友だちになることがどうして「飼い馴らす」なのだろうと不思議でした。フランス語で見ると、「apprivoiser」がその訳の部分に当たります。辞書で見ると「飼い慣らす」という他に「ねんごろになる」という訳がありました。やはり、出会って、何度も会って、お互いをわかりあって、特別に大好きになった関係ということなのだろうかと思いました。

そしてもうひとつ、私が内藤さんの訳の本で、昔からわからなかった部分があります。キツネがこの節の最後のほうで言う台詞です。君がバラを大切に思っているのは、君がバラに「ひまつぶしをした」からだと言うのです。「ひまつぶし?」いったいフランス語ではなんて書いてあるのだろう、と不思議でした。

フランス語では「le temps quetu as perdu pour ta rose」バラのために失った時間という意味。「自分の時間を使った」という意味だろうかと考えて、私は「あの花のために自分の時間を使って、面倒をみたからだよ」と訳しました。

こんなふうに、フランス語の辞書をそばに置いて原文を読むことは、私にとって、とても必要なことなのでした。

ところで私は教員になったばかりのときに、ちいちゃんという女の子と一緒にすごすことになりました。ちいちゃんは手も足もどこも動かない女の子でした。生まれてから、白い壁と白い天井に囲まれて、白いベッドにずっと十五年も十六年も寝ている女の子でした。

女の子は深い思いを持っているとは思われていなかったので、だれからも声をかけられることはありませんでした。そんな女の子の担任になりました。そして施設のお医者さんは「あの子は脳がまったくないので、見えないし、聞こえないし、感じないし、わからないから、君は好きな本を読んですごしてくれたらいいよ」と言ったのです。

ちいちゃんには、内臓を動かしたり、汗をかかせたり、息をさせたりするための脳幹という部分はありました。でも、見たり聞いたり考えたりする大脳が、生まれつきない女の子だったのです。

私にとって初めて受け持った女の子。私はやっぱり可愛くて、抱き上げたくなって、そっと抱きしめて揺らしたり歌を歌ったりしました。毎朝同じ八時三十分に出かけて、一時間一緒にすごしていたのでした。

でも、抱きしめたり揺らしたりしていいのかはわかりませんでした。なぜって、十五年も十六年も体に触れられず寝たままにされていると、人間の身体は腰も曲がらなくなるし、手も足も拘縮《こうしゅく》して硬くなって、骨ももろくなるのです。

それでも、私は可愛くてそうしたくてたまらなかったのです。

ある日、看護師さんが「大変なことがわかりました」と言いました。

私は、骨でも折れたのだろうか？　私がしたのだろうか？　と心配になりました。でも、看護師さんが言われたのはそうではなかったのです。

「あの子がいる部屋の子どもたちは、手も足もどこも動かさないでいるので、静かな部屋です。ところが八時のおむつ替えをしているときに、あの子だけが手や足をバタバタ動かす。そうすると必ずあなたがやってくる。

たぶん、あの子は他の人の足音とあなたの足音を聞き分けて、あなたが来るのを待っていて、あなたが来るのを喜んでいるのです」

私はそれを聞いて声を上げて泣きました。白い壁、白い天井に囲まれて、だれにも声をかけられることのない毎日を送っていたちいちゃんが、私のことを他の人と違う特別な存在だと思ってくれて、「ああ、もうすぐ来るだろうか」と私を待っていてくれたのだろうか？　私が来るのを喜んでくれているのだろうか？　と思ったからです。

ちいちゃんはそのあと、表情が出るようになって、よく笑ってくれるようになりました。

私はキツネと王子さまが出会った場面を読んで、ちいちゃんのことを思い、宮ぷーのことを考えました。宮ぷーは、ベッドで上を向いたまま、思いを伝えることも今はできないけれど、毎日夕方になったころ、そろそろ私が来るころだと、私を待っていてくれるのだろうか、私に来てほしいと思ってくれているのだろうかと思ったのです。

特別な関係には時間が必要

そして、私はもうひとつ考えていたことがありました。

私が毎日、宮ぷーの病院へ通っているのを知っている多くの方が、「家族でもないのに、どうして毎日行くの？」と尋ねました。

本当のことを言うと、最初は毎日毎日行くことは、思ったほど簡単なことではありませんでした。すべての予定が変わり、今までよく会っておしゃべりしていたお友だちとも出かけなくなり、仕事場のおつきあいもしなくなりました。そして五時になったら、どんなに仕事が残っていても、すぐに帰らせてもらうようになりました。

私は少々具合が悪くても、どこかが痛くても、私はやっぱり毎日宮ぷーのところに出かけました。私自身、どうしてそんなふうにして必ず自分が出かけて行くのか、その理由が、そのときは王子さまのように、よくわかっていなかったのです。

宮ぷーが熱が出て、息が苦しそうであれば、明日は元気になっているだろうかと、アイスノンを替えたり、手や足が動くようにとマッサージをしているうちに、キツネが教えてくれたように、毎日同じ時間に出かけるのは約束事になったのだと思います。そしてだんだんと、それが自分の責任のように感じたのだと思います。

学校の子どもたちのお母さんやお父さんが、お子さんに障がいがあるとわかったときに、自分のお子さんをなかなか受け入れられないと話されることが、時折あります。私はそのとき、先輩のご両親の話をします。あるお父さんが言いました。

「最初から自分たちの赤ちゃんを可愛いと思う人もいるでしょう。でも、最初はね、健康な子どもたちと比べたりしてね。なんで僕たちのところに生まれてきたんだと思ったりね。でも、世話を焼いているとね、ただひとりの僕たちのいとおしい子だとはっきりとわかるんだよね。僕たちを選んで生まれてくれたなんて言う人がいてね。最初は、勝手なことを言うんじゃないよと思っていた僕がね、『きっとそうなんだよね』と思うようになるんだよね。それには時間が必要なんだよ」

目に見えない大切なものって何でしょうか？　それは、大切だとか、いとおしいという気持ちなのでしょうか？

モロッコ旅行は、そんなことを何度も考えさせてくれた旅でした。

宮ぷーが教えてくれた「しあわせ」

──転轍士と出会う

「こんにちは」と王子さまが言うと、転轍士《てんてつし》が「こんにちは」と言いました。

「何をしているの？」

「たくさんの人が乗っている電車の行き先を決めているんだ。ポイントを替えて、あるものは右に向かうように、あるものは左に向かうようにするんだ」と転轍士が言いました。

そのとき、きれいな灯りをつけた列車がものすごい音を立てて通り過ぎて行きました。

「何をそんなに急いでいるんだろう。乗っている人は何を探しているの？」

「機関士だって知らないのさ」

今度は反対側から、またきれいな灯りをつけた列車がゴーッと音を立ててやってきました。

「もう戻ってきたんだ」

「さっきの電車じゃないんだ。別のが来たんだよ。すれ違ったのさ」

「自分のいるところが好きになれないのかな？」

「好きになれない？　そうだね。きっとそうさ、だれも自分いるのところに満足できず、好きになんてなれないんだよ」

また轟々《ごうごう》と音を立てて三番目の列車が通りました。

「一番目のを追っかけているんだね」

「何も追っかけてはいないよ。ただ、走っているだけさ。あの中で乗客は寝ているか、あくびをしているかのどちらかだよ。子どもたちだけが顔をくっつけて、窓の外を夢中で見ているだろうね」
「子どもたちだけが、自分が探しているものを知っているんだね。子どもたちは、粗末な布きれでできた人形と、長い間遊ぶ。そうしているうちに、その人形がとても大切になるんだ。だから、取り上げられたら悲しくなって、泣くんだ」
転轍士はぽつりと言いました。
「子どもたちは、しあわせだよね」

あなたの手の中にもあるしあわせ

宮ぷーがやがて、首が少し動いて、手も少し動いて、「あかさたな」と私が読み上げると合図が送れるようになって、声では伝えられないけど、思いは伝えられるようになりました。そして、「レッツチャット」というひらがなの文字盤がついた意思伝達装置やパソコンの中のソフトも、手につけたスイッチで操作して文章をつづれるようになりました。

ある日、宮ぷーは「なんでもないひが　しあわせだった」と言って泣きました。手が動いて、ほしい物が取れるということ。足が動いて、行きたいところに行けるということ。食べたい物が食べられたり、おしゃべりができること。そのどれも、なんてしあわせなことだったのだろうと宮ぷーはきっと思ったのです。

それでは今、宮ぷーはしあわせではないのでしょうか？　宮ぷーはこんなふうにも言いました。

「いつも　しあわせは　じぶんのてのなかに　あるんだね」

宮ぷーは、倒れた今も、やっぱりしあわせなのだというのです。手も足もほとんど動かなくて、何をすることも不自由なのに、なぜそれでも「しあわせだ」と言えるのでしょうか？　それはどうしてでしょうか？

宮ぷーの回復とともに、すべての人に思いがあることや回復する可能性があることを伝えている映画があります。『僕のうしろに道はできる』という映画です。

その映画の中で、監督さんが宮ぷーに「かっこちゃんが来てくれた日は何が違うの？」と聞いています。宮ぷーが「レッツチャット」で書いてくれた言葉は「しあわせ」でした。私はその言葉を見て涙が止まりませんでした。

例のないほどの広範囲な脳幹出血だった宮ぷーは、誰ひとり回復する可能性があるとは言ってはくれませんでした。そのことは、だれが悪いわけでもなくて、それが医療の、そしてすべての常識だったのです。そんな中、私がたったひとり、どんどん良くなるよと言い続けることができたのは、たくさんの子どもたちがこれまで、「人間はすごいんだよ。回復する方法があるんだよ」と教えてくれたおかげでした。

今までの統計で、脳幹出血や意識障がいの方の回復の可能性が少なかったのは、それほど重い脳障がいの方を座らせたり、揺らしたり、立たせたりすることをしていない統計なのだからだと思います。それをすれば変わるのだと、私は子どもたちのおかげで信じることができたのでした。

それでも、毎日のリハビリはとてもとてもつらいことだと思います。それなのに、宮ぷーはそんな時間を「しあわせ」だと言ってくれる。胸がいっぱいになりました。宮ぷーにとっては、この時間こそ、自分が回復していくのだと信じられる時間なのかもしれません。

転轍士はなぜ、「子どもたちはしあわせだよね」と言ったのでしょう。

王子さまにとって、自分の時間を使って、世話をした花や火山がとても大切だったように、子どもたちにとっても、たとえ粗末な布きれでできていたとしても、長い間遊んだ人形は、とても大切な存在になっていったのだと思います。どんな「もの」や「こと」だったにせよ、置かれた場所でしあわせを探して、自分にとって本当に大切なものを持っている人はしあわせだと、転轍士は思ったのではないでしょうか？

宮ぷーの言ったとおり「しあわせは　いつも　じぶんのてのなかにある」本当にそうだなあと思います。どんなときも、だれもが本当はしあわせなのですね。どこにもたくさんのキラキラした宝物が隠れている。電車の外の景色はなんて楽しくて、素敵なのでしょう。誰かの隣にいられる時間も、とてもとてもしあわせ。

おなじ時間を、しあわせと感じていられて、粗末な布きれの人形もいとおしくて大切と思える子どもたちのようにいたいものだと思うのです。

大好きなことに使える時間でした！

——薬を売る商人

「こんにちは」と王子さまが言いました。

「こんにちは」と商人が言いました。

商人はのどの乾きをおさえることのできる薬を売っていました。

「この薬を一錠飲むだけで、一週間の間、水を飲まなくてもだいじょうぶです」

「どうして、その薬を売るのですか？」

「時間が倹約できるのです。一週間に五十三分も僕たちは水を飲むのに費やしているから」

「その五十三分をどうするのですか？」

「好きなことに使えますよ」

王子さまは言いました。

「ボクだったら、五十三分あったら、おいしい水にある泉のほうへゆっくりゆっくり歩いて行

くなあ」

大好きなことに使える時間でした！

本当はきっと、どんな中にも楽しみを隠していられるものですね。

前にも書いたけど､実は､私はこの原稿をベッドで書いています。ひどい病気ではないのです。ちょっとした手術と一週間の入院。

痛いのは嫌だなあ、つらいのは嫌だなあ、暇なのは嫌だなあ、そう考えそうになったときに、いっぱい時間があったら、私は『星の王子さま』と大好きな子どもたちから教わったことを考えたいなあと思いました。そうすると、手術を受けるための入院が少し楽しみになりました。

そして手術を受けて、丸一日は動けなかったけど、その次の日には小さな傷口が少し痛むことはあっても、七階の部屋で、ときには夜空を見ながら、あるいは、私の家の近くにある白山を見ながら、この原稿を書けるようになりました。

それは、手術の痛みにだって替えられないほど楽しい時間なのでした。どんな時間も考え方次第でわくわくしたものに変えられるのかもしれませんね。

そして仲間が､手術で行けない私の代わりに､宮ぷーのところにリハビリに行ってくれました。宮ぷーからは「いたみはどうですか?」とメールが届きました。

宮ぷーは、手にスイッチがついた手袋をしています。スイッチを押すことで、「レッツチャット」という機械がパソコンにつながり、そこでメールを送れるようになっているのです。

私がうれしくて、「もうだいじょうぶ」と返事を出すと、また宮ぷーからメールが届いて「むりをしないでね」と書いてありました。それもうれしいできごとでした。

今、体が動かなくて、思いが伝えられないでいる方も、きっときっといつかそんなメールを家族に送れる日がくると、私は信じています。

私たちの深いところにある宝物

――飛行士と井戸を探しに

エンジンが壊れて、砂漠に飛行士の僕が不時着してからもう八日が経とうとしていました。僕は、のどが渇かない薬を売っている商人の話を王子さまから聞きながら、最後の水一滴をとうとう飲み干してしまいました。

「君の話はとてもおもしろいけれど、でも、飛行機はまだ直っていないし、もう水もなくなったんだ。もし泉に向かってゆっくり歩くことができるなら、どんなにうれしいだろうね」

「ボクの友だちのキツネがね……」王子さまが僕に言いました。

「キツネの話はもうやめよう」

「なぜ？」

「なぜって、のどが渇いて死にそうなんだ」

王子さまは僕の言ったことがよくわからなかったようでした。

「もし死にそうでも、一人でも友だちがいるということはいいことだよ。ボクはキツネを友だちにできて、とてもうれしいんだ」

（この子は、今、どれだけ危険な状況なのかをさっぱりわかっていないんだ）と僕は考えました。

（この子はお腹もすかないし、きっとのども渇かないのかもしれない。お日さまの光がほんの少しあるだけで、きっと十分なんだろう）

ところが存外、王子さまは僕の考えたことがわかったようでした。

「ボクものどが渇いているよ。一緒に井戸を探しに行こう」

僕は王子さまの言葉を聞いて、ますます疲れてしまいました。この広い砂漠の真ん中で、行き当たりばったりに井戸を探すなんてばからしいと思ったのです。

それでも、二人で井戸を探すために歩きだしました。

何時間も歩いているうちに、夜になって、星がたくさん輝きだしました。僕は、星をぼんやりと眺めていました。のどが渇きすぎて、熱もあったのです。まるですべてのことが、夢のように感じられました。

僕は井戸を探しだす前に王子さまが言ったことを何度も考えていました。

「君ものどが渇くんだね」

王子さまはその質問には答えませんでした。そして王子さまは言いました。

「水は心にもいいのかもしれない」

僕は王子さまが何を言いたいのかわかりませんでしたが、質問をしても無駄だと思って尋ねませんでした。

王子さまは疲れて座り込みました。僕もそのそばに座りました。少し経って王子さまが言いました。

「星があんなにきれいなのは、見えない花を星が持っているからなんだ」

「本当にそうだね」

そして僕は、美しい砂漠を見つめました。砂漠はしーんとしていて、何も見えないし、聞こえない

けれど、きっと何かを隠しているのです。

「砂漠もきれいだね」と王子さまが言いました。本当にとてもとても美しいのです。静かな中に、何かがキラキラ光るようでありました。

「砂漠がきれいなのは、きっと砂漠が井戸を隠しているからだよ」

僕は突然、砂漠がキラキラ光っている理由がわかったので、本当に驚きました。

僕は小さいころ、古い家に住んでいて、その家には宝物が隠されているという言い伝えがあったのです。だれも宝物を発見した人もいないし、見つけようとした人もいないようでした。それでも僕は、家中がその宝物で、美しい魔法にかけられているようだと思いました。僕の家は秘密を隠していたから美しかったのです。

「そうだね。家でも星でも砂漠でも、美しいところは目には見えないんだね」

すると王子さまが言いました。

「うれしいよ。君がボクのキツネと同じことを言うんだもの」

王子さまがウトウトし始めたので、僕は王子さまを抱いて歩き出しました。僕は胸がいっぱいになって、まるで大切な壊れやすい宝物を手に持っているような気持ちがしました。これ以上壊れそうなものはない気がして、月の光に照らされている王子さまの顔と閉じている目を見ていました。それから、ふさふさとした金色の髪の毛が風に揺れるのを見ていました。

今、目の前にあるのは人間の外側だけで、これは入れ物にすぎないんだ。一番大切なものはきっと目に見えない何かなのだと思っていました。

王子さまの唇がちょっと開いて王子さまがほほえんでいるように見えました。

（王子さまの寝顔を見ていると、僕は涙が出そうなくらいうれしくなる。きっと王子さまが、一輪の花をいつまでも、精一杯大切に思っているからなんだ。王子さまはたとえ眠っていても、バラの花がランプのように、心の中で光り輝いているんだ……。

だからこそ、王子さまはいっそう壊れやすく思えるんだ。だって、ランプの灯りはちょっと風が吹いただけで消えてしまうから、しっかり守らなくちゃならない）

王子さまを抱きながら歩き続けているうちに、やがて夜が明けました。そしてとうとう井戸を見つけることができたのでした。

学校の子どもたちとの時間はいつも、キラキラ輝いていました

学校の子どもたちも、私にとっては、星の王子さまのような存在でした。

私には、多発性硬化症、別名ＭＳという名の病気を患っていた雪絵ちゃんという友だちがいました。

多発性硬化症はいろいろなタイプがありますが、雪絵ちゃんのタイプは発病すると目が見えにくくなったり、手足が動きにくくなったりします。リハビリをしていると回復してきますが、けれども再発の前の状態に戻ることはむずかしく、再発の度にだんだん見えなくなったり、手足が動かなくなっていきます。私は雪絵ちゃんの再発をいつも恐れていました。

あるとき「雪絵ちゃんが再発したよ」という知らせが病院から届きました。私はその時、雪絵ちゃんが入院している学校から、遠く離れた学校に通っていました。私は何をすることもできなくて、学校では明るく振る舞っていても、でも実際はとても悲しい気持ちでした。

大ちゃんは、私の心がわかったのでしょうか？

急に「さびしいときは　心の　かぜです」と言いました。

私が「雪絵ちゃんはさびしいだろうか、不安だろうか」と思っていたことが、わかったのかなと思いました。

大ちゃんの言葉があまりに素敵な言葉で、忘れたくなくて、あわてて書き留めたら、そのあと、大ちゃんは「せきして　はなかんで　やさしくして　ねてたら　いちにちでなおる」と続けました。大ちゃんも私の聞いたことには、決して返事をしてくれたりはしなかったけど、いつも、心を知っていてくれるのでした。

大ちゃんの言った言葉は、心にしみるような大切な言葉でした。大ちゃんは私が書き写した文章を見て、それをはがきに書きました。雪絵ちゃんにそれを送ったら、雪絵ちゃんは「ありがとう。元気になったよ」と返事をくれました。

大ちゃんはとても喜んで「はがきは　病気まで治しちゃうんだなあ」と言いました。それから、「はがきを書く」という言い方でたくさんたくさん素敵な詩を作りました。

大ちゃんだけでなくて、そばにいる私の思いを、手に取るようにわかってくれる子どもたちに、私はたくさん会いました。

星の王子さまや大ちゃんは、どうして相手の気持ちがわかるのでしょうか？

それはきっと、私たちの深いところには宇宙全体があって、その中でつながっていて、誰かのことを考えるときその人のところがＯＮになって、その人の深い思いがわかるのではないかと、そんなことを私は考えています。

なんだか不思議なことを書きました。でも、子どもたちはいつも、宇宙の本当のことを教えてくれていると思います。

ところで、「水は心にもいいものかもしれない」という王子さまの言葉の意味を私は小さいころからずっと考えていました。

飛行士は、水もすっかりなくなって、とても疲れていて、そして、どうせ見つからないだろうと思っていても、王子さまと一緒に水を探しに行くのです。それはなぜでしょうか？　たぶん飛行士にとって王子さまがとても大切で、たとえ水が見つからなくても王子さまの望みを叶えてあげたいと思ったからだと思います。そして王子さまも、飛行士が一緒に水を探してくれた時間も、探してくれたことも、とてもうれしかったんだと思います。なにものにも代えがたいほど、大切で幸せだと思ったのじゃないでしょうか。そして、もし水が見つかったら、それは身体にとって大切なだけではなくて、悲しかったりつらかったりする心にもとても大切なものになるだろう、と王子さまは考えたのではないかと思います。

私にとって、子どもたちとの時間はいつも輝いていました。それはきっと、たくさんの子どもたちと心を通わせながら一緒にいられたということと、そして、きらきら輝くような秘密を子どもたちがたくさん持っていたからかもしれません。

「チーム宮ぷー」だって、特別な関係!?

――地球に来て今日で一年目の王子さま

王子さまが言いました。

「人間たちは特急列車に乗り込むけど、自分たちが探しているものが何なのかもわからなくなって、見つけられなくなって、ただぐるぐる回っているだけなんだ。そして何のために回っているのかさえ、わからなくなっているんだ」

そして続けて言いました。

「そんなことしても意味がないのに」

僕たちが見つけた井戸は、不思議なことに、サハラ砂漠でよく見かける井戸とは違っていました。サハラ砂漠の井戸は、ただ砂を掘っただけのものなのに、今、目の前にあるのは、村の井戸に似ていました。近くに村なんてないのに、不思議で夢を見ているようでした。

「ああ、なんて不思議なんだろう。滑車も、桶も、それからロープもみんなあるね」

僕がそう言うと、王子さまは楽しそうに笑って、ロープをつかんで桶を下ろし始めるのでした。すると、長い間さびついて動かなかった風見の鶏が、まるでギィと鳴るように、滑車が音を立てました。

「聞こえた？　井戸が目を覚まして、歌を歌っているよ」

井戸の水を汲むのは王子さまには大変そうに思えました。

「僕が汲もう。君にはちょっと重すぎるよ」

僕はゆっくりとロープを引いて、桶を井戸の縁まで持ち上げて、桶をしっかりと置きました。

それでも、僕の耳には、まだ滑車のカラカラという音が響いていました。それから、桶の中の水がお日さまに照らされて、とても美しく光っていました。

「ボクね、こんな水が飲みたかったんだ。その水をボクに飲ませてくれる?」

僕は王子さまが探していたものがわかったのです。

僕が王子さまの唇のところまで桶を持ち上げると、王子さまは目を閉じてその水を飲みました。なんだかお祝いの日のようにうれしそうに飲みました。

その水はどこにでもある水ではありません。星の下の砂漠を長い間歩いて、そして滑車が立てる音を聞きながら、僕が力を込

めて汲み上げた水でした。

それは、贈り物のようにうれしい水でありました。

僕の小さいころ、クリスマスにはツリーにろうそくが光り、そして、真夜中の賛美歌を聴き、両親や兄弟たちと一緒に優しい時間をすごしたものでした。そんなときにもらった贈り物はいっそう光り輝いていましたが、この水もきっとそんな贈り物のようでした。

「この星の人たちは、一つの庭に何千ものバラを咲かせているけど、本当に必要なものを見つけることができないんだ」

「本当にそうだね」

「一本のバラの中にも、それから少しのお水の中にだって、探しているものはきっと見つかるはずなのに」

王子さまの言葉に「そうだとも」と、僕もうなずきました。

王子さまはさらに「でもね、目で見るだけじゃ、大切なものは見つけられないよ。心の目で見なくちゃ」と言いました。

僕も水を飲みました。息をするのが楽になったようでした。

やがて朝日がすっかり昇り、砂漠は蜂蜜の色に輝きました。その蜂蜜色の砂漠を見ながら、僕はとても幸せな気持ちになりました。「心配なんて、もともとする必要はなかったんだ」と思いました。

「君は約束を守らなくちゃ」と王子さまが静かに言って、僕のそばに座りました。

「約束って?」

「ほら、ボクの羊の口輪を描いてくれるって言ったよね。僕はどんなことがあっても、あの花を守ってあげなくちゃならないんだ」

それで僕は、ポケットから落書きのようにして描いた絵を取り出しました。

王子さまはそれを見てとてもうれしそうに笑いました。

「君の描いたバオバブってなんだかキャベツみたいだね」

そう言われて僕はちょっとムッとしました。

「あはは、それにキツネの耳はまるで角《つの》のようだよ。ちょっと長すぎるよ」

王子さまはまた楽しそうに笑いました。

「しかたがないんだ。なにしろ僕は六歳の時に、二枚のウワバミの絵を描いたきりなんだから」

「だいじょうぶだよ。だって、子どもたちには全部わかるんだからね」

そこで僕は鉛筆を持って、羊に口輪を描きました。それを王子さまに渡そうとすると、急に胸がいっぱいになって泣きそうになりました。

「君は、もしかしたら、僕の知らない秘密のことをしようとしているんじゃないの?」

けれど王子さまは、僕の質問には答えませんでした。

「明日はね、ボクが地球に降りてきてからちょうど一年目の日なんだよ」

しばらく黙ったあと、王子さまは言いました。

「ボクね、ここのすぐ近くに降りてきたんだ」

そして王子さまは顔を赤くしたのです。僕はまた胸がぎゅっと締め付けられるような気持ちになって、とても悲しくなりました。

「一週間前の朝、僕と君は知り合った。そのとき、人が住んでいるところから千マイルも離れたところを、君はひとりで歩いていた。じゃあ、あれは偶然に通りかかったというのじゃなくて、君は降りてきたところへまた戻ろうとしていたんだね。

ちょうど一年だったからだよね。ただそれだけだよね」

王子さまはまた顔を赤くしました。それは、質問には答えなかったけど、「そうだよ」という意味だったのでしょうか?

「僕、なんだか少し怖くなったよ」僕がそう言うと、王子さまは僕に言いました。

「さあ、君は飛行機のところに戻って、また修理をしなくちゃいけないよ。ボクはここで待っているよ。明日の夕方、また戻ってきて」

僕はもう平気ではいられませんでした。キツネのことを思い出していたのです。

〝特別な関係〟になると、別れるときには悲しくなる。人は大好きな人ができたときに、なにか泣きたくなるのかもしれません。

人と人はもらい合い

王子さまは「ボクには花に対して責任があるんだ」と考えました。そのことについて、私はずっと考えています。

花や動物や、そして、子どもたちや家族や友だちを大切に思うと、きっといとおしくなって何かしたくなるでしょう。子どもたちや家族や友だちであれば、「みんなが笑ってくれたらうれしいなあ」と思うのでしょう。「みんなが悲しむのは悲しいなあ」と思うでしょう。そんなとき、私たちはできることをしようとします。でもそれは、私たちにはそうする責任があるからなのでしょうか?

私は宮ぷーのことを考えています。

宮ぷーは、倒れたときは内臓もどこも動いてはいませんでした。高い熱がずっと出て、汚れた唾液が飲み込めず、肺へ入り、重い肺炎を繰り返していました。

そんな中でも、私は子どもたちから教わったとおりに、すぐに、できるだけ身体を起こそうとしたり、ゆっくりと揺らすようにしたり、話しかけたりしました。もし、そうしなければ、おそらくは命が助かることもなかったかもしれないと思います。

いいえ、助かったかもしれません。お医者さんも看護師さんも、みなさんが本当に一生懸命、命を助けようとしてくださいましたから。

でもそれだけでは、目が開いたあと、こうして思いが伝えられるようにはならなかったのではないでしょうか。

宮ぷーにとって生きることは簡単なことではないと思います。今、少しずつ手が動き出して、動く指でスイッチを押して、パソコンやメールができるようになったり、トイレで用が足せたり、口で少し食べられたりします。

けれど、ひとりではまだ、食事を口に運んだり、おしゃべりしたり、起き上がったりすることはできません。歩くこともできません。思うように気持ちが伝えられず、不自由もいっぱいあると思います。

たとえつらくても、不自由でも生きるという道と、それならば生きたくはないという二つの道が、もしかしたらあったのかもしれません。宮ぷーの思いの外で生きる道を選ばせてしまったのではないかと、そう考えることもあります。

でもそんなことを考えること自体、もしかしたら、とても大それたことで、ただの思い込みで、大きな力が宮ぷーを生かし続けてくれているのだと思ったりもするのです。

ただ思うのは、もし私が生きることを選ばせてしまったなら、私はどうあるべきなのかなということです。

倒れてから六年、講演会などで行けない日以外は、リハビリに通っていますが、それは、行かなくてはならないからではなくて、行きたいから行くのです。でも、どこかに王子さまが花に感じたような思いも持っているかもしれないなあと思うのです。

宮ぷーは、一生懸命生きています。毎日つらいリハビリも行なっています。そして、宮ぷーは自分を守るトゲも持ってはいないのです。だから、私はやっぱり宮ぷーが回復したいと思うかぎり、そして私の状況が許すかぎりは、毎日通いたいし、通う責任があるように感じるのかもしれません。

そして、三年間は私と宮ぷーが二人でリハビリをしていましたが、だんだんと友だちができ、毎日入れ替わりでリハビリを手伝ってくれるようになりました。「チーム宮ぷー」という名前でみんながシフトで来てくれて、今度は三人でリハビリができるようになって、これまでできなかった、床に足をつけて、しっかりと立つというリハビリもできるようになりました。

チームの人は、宮ぷーが倒れる前から友だちだったわけではありません。でも、みんなずっと来てくれます。私が旅に出ているときや、こうして入院しているときも、代わりに来てくれます。きっと私と同じように、宮ぷーのところに行かなくちゃと思って来るのではなくて、みんな、宮ぷーに会いたくて、仲間に会いたくて、宮ぷーが回復して喜ぶ笑顔が見たくて、来てくれるのだと思います。きっと私と同じ思いでいてくださるのだと思います。

人と人が出会って、そして、お互いに思い合ったとき、人は〝特別な関係〟になるのでしょうか。電車の中で席を譲り合ったら、降りるときにまた目と目が合って小さな会釈を交わすでしょう。それは、他の乗客とは違った、特別な優しい関係です。特別な関係は優しい気持ちや、何かをしたときに生まれてくるのでしょうか?

ああ、きっとそうですね。

赤ちゃんとお母さんやお父さんも、出会って、そして毎日をすごしていたら、そこにはきっと守ろうという気持ちが生まれるのだと思います。花も、観葉植物も、動物もみんなそうですね。

そして、そこには、どちらかがどちらかに与えっぱなしということは決してなくて、お互いにもらい合いをしているに違いないとも思うのです。

そして本当は、私たちはだれに対しても誠実に向き合って生きていくべきだということなのかもしれません。それが「責任」と言えるのかもしれません。

星空を見上げれば、いつでも一緒

――「ボクの星に帰る」王子さま

井戸のそばには壊れかけた石の塀がありました。次の日の夜、僕が修理から戻ると、王子さまが石の塀に腰かけて、足をぶらぶらさせながら座っているのが遠くから見えました。

王子さまは誰かと話をしているようでした。

「覚えていないの？　場所はここじゃないみたいだ」

僕は塀に近づいて行きましたが、王子さま以外には姿が見えませんでした。でも、確かに答えが返ってきたのでしょう。王子さまがまた、こう言うのが聞こえました。

「そうだよ。確かに今日だよ。ボクが歩き出した足跡がきっと残っているはずだから、だから、そこで待っていて。ボクは今夜、必ずそのときにそこに行くから」

僕が石の塀から二十メートルくらいのところに来ても、やはり何も見えませんでした。王子さまはしばらく黙っていましたが、やがて、また言いました。

「君は猛毒を持っているよね。だから、ボクはそんなに苦しまなくてすむんだよね」

僕はひどく心がざわざわして近づきました。

「ねえ、もう向こうへ行ってくれる？　ボクもう下に降りたいんだ」

そしてそのとき、塀の下のほうを見て、驚いて飛び上がりそうになりました。なんとそこには、三十秒の間に人を殺すことのできる黄色の蛇が、王子さまに向かってかま首を高く立てていたのです。

僕はあわててポケットの中のピストルを探しながら駆け寄りました。蛇は僕の足音を聞くと、噴水の水がだんだんと上がらなくなるかのように、すーっと身を低くして、金物を引きずるときのような音を立てて、砂の中の石と石の間に滑り込んでどこかに消えてしまいました。

僕が塀に到着したまさにそのときに、王子さまが下へ飛び降りて、王子さまは僕の腕の中に落ちてきました。王子さまは真っ青な顔をしていました。

「いったいどういうことなんだ。蛇と話をしているなんて」

僕は王子さまの金色のえり巻きをほどいて、こめかみのあたりを水で濡らして、そして王子さまに水を少し飲ませました。もう僕は王子さまに何かを聞く気すらなくしていました。

僕の顔をまっすぐにじっと見ていた王子さまは、それから、僕の首に両腕をからませました。王子さまの心臓は、銃で撃たれて死にそうになっている小鳥の心臓のように、ドキドキと小さく打っているのでした。

「故障しているところが見つかってよかったね。これで君は無事に家に帰ることができる」

「どうしてそんなことを知っているの？」

僕は修理がうまくいったことを知らせようと思っていたところでした。王子さまは僕の尋ねたことには答えずに、続けてこう言いました。

「ボクも、今日ね、ボクの星に帰るよ」

そして悲しそうに「ボクの星は、君のところよりずっとずっと遠いから、帰るのは難しいけれどね」と言いました。

僕はこれから、何か大変なことが起きようとしているのに違いないと思いました。だから王子さまをしっかりと抱きしめていようと思いました。けれど、王子さまの身体はどこか深い淵に落ちていこうとしていて、どんなふうにしても助け出すことができないような気がしました。

王子さまは遠いところを見つめながら、「ボク、君が描いてくれた羊も持ってるし、箱も持ってる。口輪も描いてもらったからね」と淋しそうに笑いました。

僕は長い間王子さまを抱いていましたが、腕の中で少しずつ王子さまは元気になってきたようでした。

「怖かったんだね」

本当に王子さまはとても怖かったのです。

「でもね、今日の夜はもっと怖いと思うんだ」

僕は、取り返しのつかないことが起きそうな気がして、それはどうやっても、もう止めることができないと思って、胸が冷たくなりました。

もう王子さまの笑い声を二度と聞けなくなると思うと、それはとても我慢のできることではありませんでした。

王子さまの笑い声は、僕にとって、砂漠の中のオアシスのようなものだったからです。

「僕、君の笑い声をいつまでもずっと聞いていたいんだ……」

けれど王子さまはこう言いました。

「今日の夜で、一年になるんだ。ボクの星はちょうどボクが落ちてきた場所の真上に来るよ」

「これは全部夢だよね。蛇がどうとか、待ち合わせとか、君の星が真上に来るとか、ねえ、そうだと言って！」

でも、相変わらず王子さまは僕の聞いたことには答えませんでした。

「本当に大切なものは、目には見えないんだよ」

「うん、そうだね」

「花だってそう。もし、君がどこかの星に咲いている花をずっと好きだったとする。そうしたら、君は夜に空を見上げて幸せになるだろう。だって、全部の星に花が咲いているように感じられるからね」

「そうだね」

「水だって同じだね。君がボクに飲ませてくれた水は、まるで美しいメロディみたいだった。滑車とロープを使って汲み上げてくれたときに、音楽が鳴っているようだったね。そしてほら、とてもおいしい水だったよ」

「うん、そうだね」

「夜になったらね。星を見上げてみてね。

ボクの星はとてもちっぽけだから、どこにボクの星があるのか、わからないと思うんだ。でもそのほうがいいよ。だって、君はボクの星を、星のどれかだと思って眺めるだろう。そうしたら、君はどの星を眺めるのも好きになるよ。そうしたら、星はね、君の大切な友だちになるよ。

ボク、君に贈り物をひとつあげるよ」

王子さまはまた、可愛い声を立てて笑いました。

「ああ、なんて素敵な笑い声だろう。僕、その笑い声を聞くのが大好きだ」

「これがボクの贈り物だよ。水とおんなじだよ」

「どういうこと？」

「人間はそれぞれみんな違う想いで星を見ている。航海をしている人にとっては、星は自分のいる場所を教えてくれるし、進むべき方向を教えてくれる。でも、他の人にとってはただの小さな光の点かもしれない。学者の中には、星を難しい問題としてとらえるきっかけにしてる人もいるし、ボクが出会ったあの実業家にとっては、星はきっと金貨と同じだった。

でも、どの星もそこにいて、黙って光ってるんだ。君にとっては、誰も持っていない星を手に入れることになるんだ」

「それ、どういうこと？」

「ボクはあの星のどれかに帰る。その一つの星の中で笑ってるんだ。だから、君が夜に星を眺めたら、きっと星はみんな笑っているように見えるだろう。つまり君は、夜空に笑う星たちを持つことになるんだよね」

王子さまはうれしそうに笑いました。

「そしてね、もし悲しいことがあったときにね、……悲しいことなんていつまでも続きはしないけどね……君はきっとボクと知り合えてよかったなと思うはずだよ。

君はどんなときでもボクの友だちだから、ボクと一緒に笑いたくなったら、部屋の窓を開けて、空を眺めればいいんだ。他の人は君がそうやって空を見て、ひとりで笑っているのを見たら、おかしなやつだなあと思うだろうな。そうしたら、君は言えばいいんだ。『そうだよ。僕はね、星を見るとうれしくてたまらなくなるんだ』って。

すると周りの人は君の頭がおかしくなったと思うだろう。ボクは君にいたずらをしたことになるんだよね」

　そう言って王子さまはまたうれしそうに笑いました。

「そうすると、僕は君に星の代わりに、コロコロと笑う鈴をたくさんあげたようなものだね」

　王子さまはまた笑いましたが、やがてまじめな顔で言いました。

「今日の夜はお願いだから、一緒に来ないでね」

「僕は君のそばを離れない」

「だめだよ。ボク、きっと苦しんでいるように見えるよ。死ぬように見えるよ。だから来ちゃいけないんだ。そんな様子を見に来ちゃだめだよ」

「だめだ、僕は君のそばを離れないよ」

　けれど、王子さまは何かを心配しているようでした。

「ボクね、心配なんだ。もしかしたら、蛇が君を咬《か》むかもしれない。蛇は意地悪だから、人を咬んで喜ぶんだ」

「僕は君とずっと一緒にいるよ」

　でも、王子さまはそのときに、何かを思い出して安心したようでした。

「そうだった、そういえば、蛇は一度咬むと、毒を全部使っちゃうから、二度目には毒がないんだった」

　その夜、僕は王子さまが出発したことに気がつきませんでした。足音も立てずにそっと出かけたのでした。

　あとを追ってようやく王子さまに追いついたとき、王子さまはもう固く決心しているようで、真剣に足早に歩いていました。そして、僕に気がつくと、少し表情をゆるめて言いました。

「来ちゃったんだね」

　そして王子さまは僕と手をつなぎましたが、心配そうに言いました。

「来ないほうがよかったのに。きっとつらい思いをするよ。ボク、死んだみたいになる。でも、本当は死んでいないんだ」

　僕は黙っていました。

「しかたがないんだ。ボクの星は遠すぎるんだ。だから、この身体は持っていけないんだ。重すぎるからね」

　僕は何も言いませんでした。

「でも、身体は抜け殻と同じだから。古い抜け殻を見ても悲しくはないでしょう?」

　僕は黙っていました。

　王子さまは少しくじけたようでしたが、また勇気を出して言いました。

「ねえ、わかってほしい。ボクもきっと星を見るよ。どの星にも、少しさびついて音を立てる滑車とロープが付いた井戸があるんだ。そしてどの星もボクにおいしい水をくれる」

　僕は何も言いませんでした。

「すごく素敵だ。だって、君はたくさんの鈴を持つだろうし、ボクはね、たくさん井戸を持つことになるんだからね」

　そして今度は王子さまも黙ってしまいました。見ると王子さまは静かに涙を流していました。

「だからね、お願いだから、ボクをひとりで行かせてね」

王子さまは腰を下ろしました。王子さまはとても怖かったのだと思います。

「わかってほしいんだ。ボクは、あの花の世話をしなくちゃならないんだ。あの花はとても弱くて、なんにも知らないんだもの。自分の身を守るために、役にも立たないたった四つのトゲを持っているきりだから……」

僕も立っていられなくなって、そこに腰を下ろしました。

「ねえ、わかってくれるよね。さあ、ボク、もう行かなくちゃ」

少しためらっていましたが、王子さまは立ち上がりました。そして、一歩一歩進み出しました。そのとき、僕の身体はしばられたみたいに少しも動きませんでした。

王子さまの足首のあたりに、黄色い光がキラッと走ったように見えただけでした。王子さまはちょっとの間、動きを止めて、そして声も立てずに、まるで一本の木が倒れるように、静かに倒れていきました。

砂の上では音ひとつしませんでした。

王子さまはきっと帰ってきます

私はここを読むたびに、何度でも泣けるのです。心がしーんとなって、涙が流れるのです。

王子さまは蛇の猛毒の力を借りてまで、星においてきたバラのところに戻らなくちゃならないと思ったのです。王子さまは繰り返し、飛行士に「わかってほしい」と言いました。君と離れるのもとてもさびしいけど、ボクにはやっぱり責任があるから。

王子さまには、バラの花にとてもとても会いたいし、会わなくちゃ、という気持ちがいっぱいなのだと思います。そして、たとえ王子さまが「ボクに責任がある」と感じていたとしても、今まで手をつないだり、抱きしめたり、体温を感じ合ったりできた、ほかの友だちと会えなくなるのは、さびしいものですね。

私は特別支援学校にずっと勤めてきました。そこでは、命の淵にありながらも一生懸命生きている子どもたちとも、たくさん出会いました。

子どもたちの中には、もう会えなくなってしまった人もたくさんいるけれど、そんな子どもたちはいっそう、心の中に深くいて、なにかの折によみがえってくるのはどうしてなのでしょう。

卒業生のかおるちゃんは、私の勤めている学校の施設に小さいときから入所していて、ときどき学校に遊びに来て、絵を描いていました。かおるちゃんの絵はとても素晴らしくて、アマチュア美術展で入選するほどの腕前でした。

私はかおるちゃんと話をするのが好きでした。ゆっくり考えながら話す、かおるちゃんの言葉は、私にたくさんのことを考えさせてくれました。

かおるちゃんは、筋ジストロフィーという病気を持っていました。発病してから少しずつ手足の力が弱くなってきていて、そのころは歩行器を使って歩いていました。

「あまり動かないと病気が進むようだし、かといって無理をして動くともっといけないようだし……。今日はなんだか右手が動きにくいんだよね」

かおるちゃんはゆっくりと歩行器を押しながら、さりげなくそう言いました。

自分の体の話をするときは、いつもさりげなかった。けれどかおるちゃんは、いつか動けなくなる日が来て、それからそう遠くない日に自分の命の灯も消えてしまうのだということを、いつも考えているようでした。

ある日、一緒にお散歩に行ったときに、かおるちゃんは、「この花は秋に枯れるかもしれないけれど、でも、種という命を残す。でも、私は何も残せない。絵は残せるけど、それは命ではないもの」と言いました。

それからかおるちゃんは、「ねえどうして神様は私のこと、『あの子は二十年ちょっとくらい生きたら、それで十分』って思ったんだろうね」と言いました。

かおるちゃんは私の返事を待っているようでもあったし、待っていないようでもありました。困ってうつむいてしまった私に言いました。

「ごめん、ごめん。困らせるつもりじゃなかったんだけど、でもさ、この世に生まれたからには、神様は私を必要だと思ったんだよね。だったら、人よりずっと早めに必要でなくなるのかなあ。それとも短い時間で、大切な役目を果たせたということかなあ。あんまり何にもしてないけどね。それとも、病気を持って、早く亡くなるということが、大切な役目を果たすことになるのかなあ」

かおるちゃんは自分の命の意味を、自分の生きている意味を知りたいと言いました。

そんなとき、私は決まって黙ってしまうのでした。どんなふうにかおるちゃんに言ったらいいのか、わからなかったのだと思います。

けれど、しばらくしてから、思い切って「さっきの話だけど、人の命の長さの……」と切り出したことがありました。

かおるちゃんは笑って、「なあんだ、まだ気にしていたの。あのね、人の命の長さなんて、他の人と比較してもなんにもならないよね。私は、どれだけ一生懸命生きたか、どれだけ命に対して誠実であったかということだと思うよ」と言いました。

かおるちゃんは、ときには迷うことがあっても、心の底では、命に対しての答えを持っていて、それを自分に言い聞かせているんだと思いました。

そんなかおるちゃんがある日、「ねえ、人を愛するってせつないね」と言いました。中庭にひとりいたかおるちゃんを見つけて、そばに行ったとき、その声があんまり静かだったのと、その言葉がとても唐突だったので、私は聞き違いだったかなと思ったくらいでした。枯葉が風で私の後をついてくるように舞っていました。私はそのときの情景を今でもときどき夢にみます。

その何ヵ月か後、かおるちゃんは筋ジストロフィーの患者さんがたくさん入っている病院に転院しました。そして、その後、かおるちゃんに会うことができないまま、亡くなったという報せをもらいました。

それから三十年近く経ちました。でも、私の心の中にはいつもかおるちゃんがいます。それから、亡くなったたくさんの子どもたちがいます。いつもいつもまるで命があるように、春の風の中にも秋の風の中にも、花が少し揺れただけでも、みんなの笑顔がまるで私をくすぐっているみたいに、私も一緒に笑うのです。あるときは、少しだけ悲しくなって、涙を一粒こぼすのです。

王子さまだっておなじですね。頭の上に星の輝く景色の中で、お話の中の王子さまは飛行士や私たちの前からいなくなってしまったけれど、子どもたちがいつも私の心の中にいるように、王子さまも私の心の中にいるのです。

王子さまのお話を読んで、王子さまと一緒に考えたり、笑ったり悲しんだり、王子さまを守りたいと思ったり、離れたくないと思った子どもたちは、王子さまを心の中に持ちながら大人になることができるのですね。普段は忘れてしまうことがあっても、王子さまは時折顔を出して本当に大切なことは何かを教えてくれることでしょう。

時はいつも私たちの味方です

――それから六年経ちました

それから六年が経ちました。でも、僕は王子さまの話をだれにもしてはいません。友だちは、僕が生きていたことをとても喜んでくれました。

本当はとても僕は悲しかったのです。友だちにはただ、「とても疲れているんだ」と言っただけでした。今は悲しみがすっかりないわけではないけれど、悲しみはそこにありながらも、それが日常になって、受け止められるようになってきたのかもしれません。

ただ、王子さまが本当に星に帰ったのはわかっています。なぜって、夜が明けたときには、王子さまの身体はどこにも見当たらなくて消えてしまっていたからです。きっと王子さまの身体は、それほど重くはなかったのだと思います。

夜になると、僕は空に光っている星を見て耳をすますのが好きです。無数の星々が鈴となって、美しい音を立てているように思えるのです。

ところで、僕はとんでもないことに気がついたのです。僕は王子さまとの約束で描いた口輪に革紐《かわひも》を付けてあげるのを忘れました。だから、王子さまはきっと羊に口輪を付けてあげることはできなかったと思うのです。

「もしかしたら、羊は王子さまの大切な花を食べてしまったかもしれない」と考えます。

でも違う日には、「そんなはずがない。王子さまはいつも大切な花にガラスの覆いをかけてあげているだろうし、昼はきっと羊のことを見張っているはずだ」と思うのです。そうすると僕はすっかりうれしくなって、空の星もうれしそうに笑うのでした。

でもまた違う日には「ときにはうっかりして、ガラスの覆いをかけるのを忘れたりするだろうか？そして羊が箱から出たりしたら大変だ」

そう思うと星がみんな涙をこぼしているように思われました。

それはとても不思議なことだと思うのです。

僕にとっても、それから王子さまのことが大好きになっているあなたにとっても、見たこともない羊が、だれも知らない星で花を食べたかどうかということが、これほどまでに周りの世界の何もかもをすっかり変えてしまうのです。

あなたも空を見上げてください。あの羊が花を食べただろうか？　食べなかっただろうか？　と考えてほしいのです。そうしたら、この宇宙がどんなふうに変わるのかということが、きっとわかってもらえると思うのです。

でも、こんなに大切なことをわかっている大人は残念ながら、どこを探してもいないのです。

これが、僕にとっては、世界中で一番美しくて、そして一番悲しい景色です。

前にも描いたのと同じですけれど、みなさんによく見てもらいたくて、もう一度描きました。

王子さまはここで、この地球に現れて、そして姿を消しました。

どうかこの景色をよく覚えておいてください。もし、あなたがいつかアフリカの砂漠を旅するよう

なことがあったら、すぐ、ここだとわかるでしょうから。そして、もしここを通りかかったら、どうか急がないでほしいのです。そして、この星があなたの頭の上に来るときを待ってほしいのです。

そのときに、一人の子どもが近づいてきたら、その子がよく笑って、金色の髪をしていたら、そして何を聞いても、何にも答えてくれなかったら、それが誰か、あなたはきっとわかるはずです。

そうしたら、どうぞ、すぐに、いつまでもこんなに悲しんでいる僕に手紙を書いてほしいのです。「星の王子さまが戻ってきたよ」と。

悲しみも苦しみも、受け止めたら前に進む光になるのでしょうか

実はこの物語を、私が王子さまに会いたくてモロッコに出かけてから、六年経って書いています。宮ぷーが倒れて六年が経ち、そして、夏になったら、あの赤い砂漠に立って六年になるのです。

時間は私たちの心をどんなふうに変えるのでしょ

う。

私が、この節の中で特別な思いを込めて「今は悲しみがすっかりないわけではないけれど、悲しみはそこにありながらも、それが日常になって、受け止められるようになってきたのかもしれません」と訳した部分があります。

私たちは生きていると、いろいろな悲しみや苦しみに出会います。

たとえば、宮ぷーが倒れたことは、私にとって、息ができないと感じるくらいとても悲しいことでした。

宮ぷーがそのあと回復しながらも、今もとても大きな障がいを背負っていることを思えば、そのこと自体は変わってはいません。けれども、そのことで悲しくてつらくて、悲嘆にくれるということはもうありません。宮ぷーが倒れたということを受け止めて、そして前へ進む力を持てるようになったのだと思います。

宮ぷーにとっても、脳幹出血で倒れたことは、大きな悲しみであったに違いないでしょう。けれど、その悲しみはそこにありながら、それが日常となって、その中で宮ぷーは、「僕はしあわせです」と言います。その中で、またしあわせを感じたり、ときには、また悲しみや痛みを心に持つことがあるでしょう。

けれど、宮ぷーが倒れたときと今は違います。宮ぷーが倒れたとき、私がどれだけ、宮ぷーはきっと回復して、また思いを伝えてくれるようになると言っても、だれも信じてはくれませんでした。なぜなら、宮ぷーがあまりに大きな脳の損傷だったので、回復するというのは医学的にも大きな常識の外にあったからです。そして、多くの人が祈り続けてくれたけれど、回復したという前例がなかったのです。

悲しみはあるとき、それがプラスに変われるのかもしれません。宮ぷーが倒れたことの悲しみはそこにあっても、でも、だからこそ今、光が見えるのです。

宮ぷーが倒れたばかりのとき、多くの友人の祈りが、夜になるとまるで病室から飛び込んできて、宮ぷーの周りを包んだり、天井から光が降ってくるように感じることがありました。宮ぷーは多くの人に守られて息をしていると感じて、私は涙があふれて止まりませんでした。今でも、その感覚をよく覚えています。そしてときどき、今もその感覚を思い出して、勇気をもらうのです。

私たちは、やはり、また新しい悲しみを持ったり、つらさを心に抱えながら生きていくということがあると思います。けれど時間はいつも、私たちに味方してくれるのかもしれません。そして、たくさんの星が鈴のように笑っていると思えるように、金色の小麦畑の風景がとても幸せなものに変わるように、私たちの思いもまた、私たちの生き方を応援してくれるのだと思います。

おわりに

二〇一五年に三五館で出版していただいたこの本を、二〇二四年に改訂版としてモナ森出版から出版することになりました。

私たちはモロッコの赤い砂漠の上を、らくだに乗って歩きました。そして真夜中に砂漠に寝転んで星を見ました。あの星の中に王子さまの星があるのだろうかと思いました。赤い砂漠は本当にきれいで、空を覆い尽くすような星も、とても美しかったです。

どんなに待っても王子さまは現れなかったけれど、私は心の中に大切な何かをしっかりと持つことができたように思ったのでした。

星の王子さまのお話はこれでおしまいです。

私はこれからも、毎日うれしいことや悲しいことやいろんなことがあって、その中で生きていくでしょう。

私は心の中に、見えない小さな王冠をかぶった子どもたちからの贈り物をたくさん持っています。ですから、さびしくなったり、悲しくなったときに、空を見上げたり、目をつぶったりすれば、きれいな音楽が鳴ったり、大ちゃんの詩を思い出したり、雪絵ちゃんと一緒に行った冬の海を思ったり、りえちゃんの歌を思い出したりするのです。そしてもっともっとたくさんの宝物を思い出して、幸せな気持ちになるのです。そんなとき、空も海も星もみんながクスクスと笑ってくれると思います。

この本を書きながら、三十年以上の間、出会うことのできたたくさんの子どもたちとの時間を振り返ることができました。

それはたとえ大勢の中にいたとしても、どの出会いも、まるで砂漠の中で突然声をかけられたかのように、いつも驚きに満ちていて、そして私にとって、宇宙の中の一人と一人の、運命的にも感じられる出会いだったと思います。

私たちが生きている宇宙はとても素敵ですね。なぜって、星がバラや井戸を隠しているからこそ輝くように、こんなにも素敵な子どもたちがあちこちにいて、今もきっと優しい涙を流したり、可愛い声を立てて笑っているだろうと思うからです。

生きていくうちに、私はいろんなところに大好きな人をたくさん持つようになりました。日本中、世界中にお友達を持つようになりました。そしてそれはとてもうれしいことだけど、絶えず心の中に心配事を抱えることにもなりました。

台風が来れば、沖縄の友だちや四国や中国地方の友だちのことを思います。そして、「だいじょうぶですように」と手を合わせます。オーストラリアが山火事と聞けば、私ときたら地理がさっぱりわからないので、オーストラリアの友だちがどこに住んでいるかもわからないのに、心配でたまらなくなります。アメリカやヨーロッパに寒波が来て、街中が凍っていると聞けば、またとても心配します。

でも、どこかで桜の花が咲いていると聞けば、友だちが満開の桜を見上げて笑っているだろうかと思うのです。本当に人はその時の思い次第で、その場所や世界中が違ったものになるのですね。

そして私はたくさんの人と出会って、たくさんの笑顔や優しい心の贈り物をたくさんいただきました。それは世界中に、素敵な鈴や井戸を持てているということになるのかもしれません。

星の王子さまは、いろいろな星を旅しながら「本当に大切なこと」を探します。いったい星の王子さまが見つけた「本当に大切なこと」とは何だったのでしょうか？　そして子どもたちが教えてくれる「大切なこと」とは何でしょう？

私はそれが「幸せ」とは何かを探すことに似ているなあと思うのです。誰かと比べなくてもいいし、お金や名誉や権力も必要ではない。たったひとつ、心に大切な花を持つだけで幸せになれるのだと王子さまは言うのです。

それはどういうことでしょうか？

私はこう考えます。幸せとは、与えられたありのままの自分を大事に思い、出会った人と対等の関係で向き合いながら、自分にも相手にも誠実に、一生懸命に前を向いて生きていくことだと。たとえつらく悲しいなかに今あっても、時間はいつも味方をしてくれる。大切な花を思う心があれば大丈夫。そして一人の幸せは、きっと自分だけの幸せなんかではなくて、世界中、宇宙中のみんなの幸せにつながっていくのだろうかと私は思うのです。

宮ぷーは一年前に十四年の闘病生活を終え、天に還っていきました。宮ぷーが「私たちは、みんないつでもしあわせ」ということは、今も私の中で大切な花や星となって輝いています。

この本の挿絵を描いてくださったトシさんことハンダトシヒトさんは、オーストラリアに住んでおられます。トシさんと出会ったのは、トシさんがイラストを担当した自閉症の男の子の絵本（英語版）を日本で手にしたのが最初でした。なんて魅力的な絵だろうと、ひと目でトシさんの絵に惹かれていきました。絵本は、子どもたちとの楽しく美しい日そのままでした。英語で書かれたこの絵本を、私は子どもたちと一緒に繰り返し読みました。

そして何年も経ってから、私が出ている映画の上映会と講演会が行なわれることになって、私はオーストラリアのシドニーとメルボルンへ出かけたのです。そのメルボルンで、私が繰り返し読んだ絵本を手にしていたトシさんが講演会に来てくださって、その偶然にとても驚きました。トシさんも絵と同じように、とても素敵な方でした。遠く離れていても、出会いたい人とはこのようにきっと出会えるものなのでしょうか?

私はその場で、トシさんと一緒に仕事がしたいと思いました。その思いを三五館の方がかなえてくださってできたのがこの本です。

心をこめて絵を描いてくださったトシさんと、ていねいに本を作ってくださった三五館さんと、改訂版にあたり、ていねいに一緒に校正に携わってくださった朗読倶楽部のみなさんに、心から感謝しています。

二〇一五年に三五館で出していただいたこの本を、三五館のみなさんが「大切な本」と言ってくださって、モナ森出版から再販することを勧めてくださいました。私にとってもこの本は大切で大好きな本です。白樺工芸のりこちゃんとトシさんや仲間の応援をいただいて、この本が大きくリニューアルした形での出版ができることが、本当にしあわせです。

お読みいただいて、いつも応援くださっているみなさんにも、心から感謝申し上げます。

二〇二四年　新春

山元　加津子

山元《やまもと》 加津子《かつこ》

一九五七年金沢市生まれ。特別支援学校の教諭として三十年以上勤務してきた。

泣き虫だけど決意と約束の堅さは人一倍。

二〇二〇年モナ森出版を立ち上げ、『リト』『魔女・モナの物語』など次々と出版。

また、映画『銀河の雫』に続いて、仲間と映画『しあわせの森』を制作。世界へ伝えてという雪絵ちゃんや生命学者 村上和雄先生との約束を守るため、毎日楽しく活動している。

ハンダ トシヒト

アーティスト
大阪市生まれ。オーストラリア在住。

現在、障がい者、子どもを中心にした様々なアート指導や展覧会へ向けての活動を行っている。

展覧会にはＮＳＷ州立デザインミュージアム・オブジェクトやメルボルン市立図書館などでの開催がある。

絵本『ミーミーちゃんのラストレター』『ひみつのムシムシランド』『おねがいナンマイダー』なども出版されている。

二〇二四年七月に障がい者五十名の作品を集めたコラボレーション展の企画・制作を指導している。

かっこちゃんが道案内する サン＝テグジュペリの
星の王子さま
大切な花を心にひとつ

二〇一五年 三月七日 初版 三五館
二〇二四年 三月十二日 リニューアル

著者 山元 加津子
画 ハンダ トシヒト
協力 朗読倶楽部
発行者 山元 加津子
発行所 モナ森出版
石川県小松市大杉町ス一ー一
印刷 ㈱白樺工芸
ISBN978-4-910388-17-5

モナ森出版

モナ森出版

リト（四六版・愛蔵版）
山元加津子
子犬のリトが人々の心を動かして、幸せな生き方へと導く。優しい言葉で「サムシング・グレート」について説く。

魔法の文通
赤塚高仁
山元加津子
文通を通して、命のこと、幸せのこと、時間のこと、宇宙の不思議について考える。とことん温かく優しい。

私たちは 明日へ向かおう
リカ
山元加津子
「魔法の文通」の挿絵の曼荼羅ぬりえ絵本。曼荼羅にはたくさんの仕掛けがあり、仕掛けを発見する楽しみも。

幸せ気分
笹田雪絵
MSという病気になれたからこそ今の自分があるといつも前向きな考えに元気をもらえる一冊。

こずえのくつした
こずえ
視力障がいを持ちながらの生活は他の人の気がつかないことがいっぱい。みんなそれぞれが素敵と教えてくれる。

魔女・モナの物語1・2
魔法の国エルガンダの秘密
山元加津子
『魔女・モナの物語』『魔法の国エルガンダの秘密』の合本。大切な本当のことがあふれている。

魔女・モナの物語　時間の秘密
別冊　満月音楽会
山元加津子
『魔女・モナの物語』『魔法の国エルガンダの秘密』に続く第3弾。こんな秘密が…。別冊　満月音楽会　他も掲載。

モナ森ダイアリー
山元加津子
リトとモナの名言、かっこちゃんの絵が満載。月と週のページが一年分。日や月をいれて、いつからでも使えます。

にっしいと弾く　満天の星
かっこちゃんのウクレレ本
にっしい
ハンダ・トシヒト
山元加津子
かっこちゃん、にっしぃ、ハンダトシヒトが力を合わせて作った、全ページカラーで登場したウクレレ本。